生活者发想

革新营销的 新视点

日本博报堂生活综合研究所　著

博报堂生活综研(上海)　编

杜海清　译

文匯出版社

图书在版编目(CIP)数据

生活者发想 / 日本博报堂生活综合研究所著;杜海清译.
—上海:文汇出版社,2012
ISBN 978 - 7 - 5496 - 0441 - 8

Ⅰ.①生… Ⅱ.①日… ②杜… Ⅲ.①生活方式-研究
-日本 Ⅳ.①D731.383

中国版本图书馆 CIP 数据核字(2012)第 019986 号

生活者发想

责任编辑 / 戴 铮
装帧设计 / 格拉慕可企业形象设计咨询(上海)有限公司

出版发行 / 文汇出版社
     上海市威海路 755 号
     (邮政编码 200041)
经　　销 / 全国新华书店
照　　排 / 南京展望文化发展有限公司
印刷装订 / 启东市人民印刷有限公司
版　　次 / 2012 年 5 月第 1 版
印　　次 / 2013 年 1 月第 2 次印刷
开　　本 / 890×1240　1/32
字　　数 / 50 千
印　　张 / 5.75
印　　数 / 2001—4000

ISBN 978 - 7 - 5496 - 0441 - 8
定　　价 / 28.00 元

前　言

　　"生活者发想"这个词,相信很多人都是第一次听说。

　　这个概念日本广告公司博报堂在 30 年前就开始使用了。与以往都是将"消费者"(购买、使用商品、服务的人)作为企业的市场营销对象不同,博报堂不是仅仅看到消费的一面,而是把消费者当作多方面追求丰富生活的人,即"生活者"来对待。另外,"发想"是个日文词,其含义是"想出事物;获得新的想法和好的主意。""生活者发想"是一种市场方法论,它是通过对生活者多方面的洞察,来描绘生活的未来。

　　作为标榜这样一种"生活者发想"的博报堂的旗舰机构,以实践和推进"生活者发想"为使命,1981 年,日本博报堂生活综合研究所应运而生。1981 年这一年正好是日本人均 GDP 超过 1 万美元的年份。那时,随着社会进入一定的经济财富丰裕阶段,对于民众、社会、企业来说,超越单纯经济发展的幸福故事/物语才是那个时代必不可少的。

　　众所周知,中国的 GDP 在 2010 年达到了 5.9 万亿日元,超过日本,成为世界第二,而上海等一些城市的人均 GDP 已经超过了1 万美元。与此联动,中国企业之间的竞争也越来越激烈,实现所提供商品和服务的差异化,赢得人们认同的品牌便显得十分重要。

在这样的背景下，这次我们博报堂建立了博报堂生活综研（上海），这是博报堂在海外首次实践和推广"生活者发想"的机构。博报堂生活综研（上海）希望在日益富裕的中国，为使中国民众更加幸福贡献自己的力量。它是一个这样的机构：它考虑的不是"怎样才能销售更多的商品"，而是"怎样才能让人们生活得更幸福？为此该提供什么样的商品和服务？"它为社会、企业广泛提供各种方案。当然，在日本培育起来的"生活者发想"的理论和方法，在这里也将进行调整、改良、发展，以适应中国的国情。

本书源于日本博报堂生活综合研究所 2010 年出版的成果，重现了以贡献于实现创造性社会为目的，从 2008 年开始实施的开放型学校的教学内容。这个开放型学校不仅有企业的市场人士参加，还邀请广大市民参与，是体验日本博报堂生活综合研究所独具一格的洞察、获得新发现的技巧的公开性讲座。因此，本书浓缩了日本博报堂生活综合研究所培育起来的各种"事物观察方法"、"视点"的精华。

我们在中国出版这本书的出发点在于，以建立博报堂生活综研（上海）为契机，让中国的企业/组织的市场人士和广告界人士，以及众多的学生，首先认识、理解博报堂的"生活者发想"，然后将本书中学到的"发现"、"点子"有效应用于自己的实际工作和学习中。

本书的内容大致由三部分构成。

在第一章里，对"生活者发想"究竟是什么样的思考方法，它有哪些要点进行了基本的说明。

第二章是本书的主干部分,一举公开了日本博报堂生活综合研究所的洞察和发现的技巧。是具体、生动体验"头脑体操"的一角。

而在最后的第三章中,则就"生活者发想"有效应用于大家的工作和日常生活应具备什么样的思想准备作了阐述。

本书原本是面向日本读者撰写的,所以文中介绍的案例,有的对于中国读者可能不太容易理解。对于这样的案例,书中将尽量加注说明。另外,为了让中国的读者能切身体会书中介绍的洞察、发现的技巧,每一节的末尾都附上了专栏,介绍在中国进行的相关调查/观察的结果。

"生活者发想"虽然产生于日本,但它本身具有普遍性。若能利用这一思维方式和方法,和大家一起分享在中国发现"新视点"的喜悦,我们将不胜欣喜。

2012 年 3 月

博报堂生活综研(上海)总经理　大熊 健二

制作推进　古泽直木
创意指导　高桥哲久
编辑合作　堀口琢司(T.H.E)
装订、设计　小岛龙介(design factory)

中文版
制作推进　多湖广
装订、设计　格拉慕可企业形象设计咨询(上海)有限公司
每章扉页摄影　石井雅士

目　录

第二章　体验生活者发想

第一章

何谓生活者发想

让我们先从自我介绍开篇吧。

首先想说明一下,博报堂生活综合研究所怀着什么样的宗旨,在开展一些什么样的活动。

"生活者发想"? 这是一个挺奇特的词汇吧!

首先,"生活者"究竟是指的什么人?

生活者在"发想"什么?

学习生活者发想有什么好处呢?

我们就是想通过回答大家提出的疑问这样的形式,来说明我们的基本想法。

广告，是关于人的科学

在介绍我们的博报堂生活综合研究所之前，还得先说一下研究所的母体博报堂这个企业的身世。也许很多朋友已经知道，博报堂是创建于 1895 年的广告公司①。为什么广告公司会发展到拥有研究机构的？那我们就先从这儿说起吧。

所谓广告，就是一种将企业提供的价值，广泛地传播给社会大众的业务。比如强调"你使用了这个产品或服务，就一定能够让你的生活变得更加丰富多彩！你能发现新的幸福"，让人们产生做出新行动的欲望。亦即，打动人心是广告的目的。换句话说，那也是一项说服社会大众的工作。

当你要说服某个人的时候，你会怎么做呢？是不是先要了解对方的一切？他有什么样的嗜好？他期望听到什么样的话语，是不是？广告也是一样。沟通的前提是了解对方。广告的对象是生活者，只有对生活者了如指掌才能得心应手地开展工作，所以应该建立一个研究生活者的机构，正是出于这样的目的，1981 年，博报堂建立了生活综合研究所②。

注释

① 在中国，1996 年成立了上海博报堂广告有限公司。
② 在中国，2012 年成立了博报堂生活综研（上海）市场营销咨询有限公司。

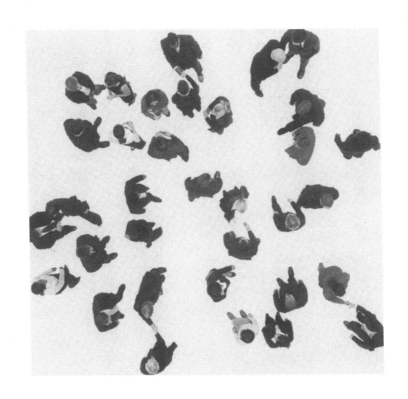

"完整"地看待人

此前我们多次使用了"生活者"这个词,这个词也许是大家平时交谈中很少出现的词汇。但是我们在讲到生活在这个世界上的人们时,会用到"生活者"这个词。

从企业的视点看,全都容易把人作为自己公司产品的用户、亦即"消费者"来看待。比如,啤酒企业把社会大众当作"啤酒的饮用者";汽车企业把社会大众当作"车主"。不过,请想一下,我们是为了喝啤酒才来到这个世界上的吗?是为了开车才来到这个世界上的吗?不是吧?我们是为了和朋友共度欢乐时光、为了加深和家人之间的情感,把这些商品作为"工具"来利用而已。

我们在作为消费者之前,就有着多重角色:拖儿带女的父母、工作上的生产者、生活社区的一分子、兴趣俱乐部的成员……因此,我们不能将社会上的人单纯地作为消费者来看待,而是当作生活中的多重角色,全面、完整地来对待。这是提出生活者发想这一概念的出发点。

作为父亲的我

作为儿子的我

作为地区的一员的我

作为生产者的我

恋爱中的我　　作为母亲的我

作为女儿的我

作为挑战者的我

作为有权者的我　养育某样事物的我

玩耍中的我

消费者＜生活者

旅行中的我

学习中的我

收到信息的我　　梦中的我

乐于共享的我

倾向保守的我

乐于创造的我

乐于革新的我　　乐于贡献的我

乐于服务的我

发出信息的我

完整地看待就能发现"因果"

360 度全方位地看待世人,有什么好处呢? 当然有。

此前看似毫不相关的人的行为,会显示出它们之间的"关联"和"根本"。

行动就是结果。而结果呢,必定有导致这种结果的主要原因,亦即事物变成这样的主要原因。人们为什么要采取这样的态度? 为什么要选择这个商品而不是其他商品? 所谓主要原因,就是促使行动的人的心情、人所具有的欲望和价值观。真想过这样的生活! 该好好珍惜这段时光——产生这样的欲望也许是下意识的,但是这样的欲求却促使人们采取具体的行动,构成每天的生活。有原因就有结果,也就是我们说的"因果"。

片面地看待人的行为,是无法看出因果的。只有完整地观察,才能发现"原因—结果"是个有机联系的结构。作为结果留存下来的单个行动虽然如同脚印一般,但是作为导致结果的主要原因,亦即人的欲求却是不断催生明天的行动和新生活的原动力。也就是说,解读因果也是我们描绘未来的一种手段。

欲求
价值观

将无形之物表现出来

这里我们来归纳一下生活者发想的思考步骤。

通过多方面地观察人和社会,分析解读事物产生的前因后果,然后据此描绘出未来的生活——这就是生活者发想的基本路径。归纳起来说非常简单,但是潜藏于人内心深处的欲望和价值观,其内心所憧憬的未来,都是看不见的无形之物。你所能看见的都不过是显现于现实的一个个事物现象而已。

请眺望一下大街吧。

熙熙攘攘、人来人往,作为现代社会的一个风景,告诉了我们很多信息,包括人们的表情和穿着,建筑物的设计和广告牌的文字。但是,行人内心深处的想法,还有这个风景将来会如何变迁,则没人能告诉你。

而生活者发想,就是以映入眼帘的景象为线索,来表达看不见的无形之物。或者推测:"大家是否都在向往这样的事?"或者思考未来:"这样的话,未来的生活应该是这个样子的吧。"……这应该是充分调动了人的好奇心和冒险心理的结果。

看得见的

现象

欲求

未来

看不见的

缺少视点，一切无从谈起

所谓将看不见的无形之物表现出来，简单地说就是"发现"。拆开来理解，就是"发掘"出来"找到"它。将潜在的、隐藏着的事物发掘出来，暴露在我们的眼皮底下……那可不是一件简单的事情。它需要力量。要把看不见的无形之物表现出来，重要的是必须有"见解"、"视点"，视点才是"发现"的前提。从哪个角度看？看什么？如何看？不同的见解，对事物的认识和理解也不一样。

请看右页上的示意图。其立体的形状会因视点（观察的位置）的不同而发生变化。反过来说，也就是不断改变观察的角度，才能认识观察对象真实的形状。这个示意图最直观地说明了"要从多个视角观察事物"的重要性。

那么如何才能使自己具备与通常不一样的视点呢？接下来要介绍的是我们的研究员①在平时的实际研究活动中所体验的"视点诞生的瞬间"。

注释
① 博报堂生活综研的员工，研究生活者的都被称为"研究员"。

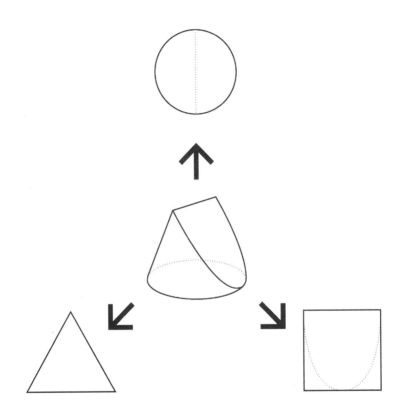

实际上,形状像螺丝刀尖的物体,因观察角度的不同,有时看上去像圆,有时像三角形,有时又像正方形。由此可见,即使是同一物体,改变了观察的位置,也会出现不同的形状。通过不断改变视角,就能多方面地了解观察对象的真实形态。

"视点诞生的瞬间"
——案例1　某一天的涩谷中央大街[①]

视点都是在什么样的情况下诞生的？现在,就让我们以具体的例子来说明吧。

地点是涩谷中央大街的快餐店。研究人员在那儿喝茶的时候,发现有4个女高中生走进来,但只有一个人在这家店里买了食品,其他三人都是在别的店里买好了薯片、面包圈、冰淇淋后带进来吃的。[②]也就是说:"店堂的氛围是这里好,但由于喜欢吃的食品都是不同店里才能买到的,所以大家买好喜欢吃的东西后再聚在一起。"

研究人员突然受到启发……是啊,现在是一个人们自由创造商店的时代！

乍一看是不守规矩的行动,但换一种思路想想,我们索性把整个中央大街当作一个自主餐馆会怎么样呢？于是,这样的创想便开始孕育了。这是一个很久以前发生的故事,其后,便产生了"小吃广场"这样的业态,这种不拘泥于店堂局限,而是买上各自喜欢的食品聚在一张桌子上用餐的方式得到了普及。这是一个让我们重新看待大街小巷和商业设施应有形态的视点。

注释

① 位于东京的年轻人聚集的地方。
② 在日本,一般是不将其他商店里买的饮料、食物带进店里来进食的,所以,这样的行为看上去很特别。

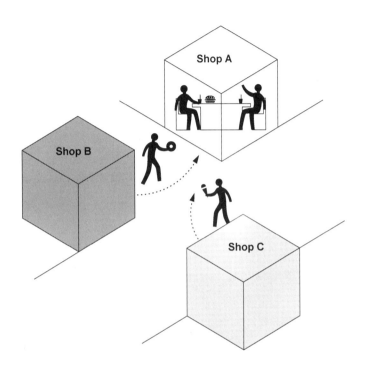

"视点诞生的瞬间"

——案例 2　在家里带孩子的母亲没有社会影响力？

那还是所里策划一个探寻未来社会发展方向调查时发生的事。到了该向各种人进行问询调查的阶段，大家讨论起该向哪些人进行调查。"正在策划新颖活动的大学生？""创办新事业的人？""从事新技术、新产品开发的人？"……大家正在举出各种调查对象时，一位研究员发言说："是不是也可以问一下正在哺育孩子的主妇？"

对此提议，很多人的反应是："哺育孩子的主妇大多数人都待在家里①，没有社会影响力，怕没什么调查的价值吧？""不，绝不是这样的！"一位研究员坚持道，"哺育孩子不就是最有意义的创造未来的行为吗？"

这时候所获得的视点就是"母亲哺育的是未来"。母亲与幼小的孩子交谈时使用的语言所产生的影响，会在这个孩子长大到二三十岁时的行动中体现出来，构成新一代的社会风景。后来，我们以此为契机，从母亲对孩子的作用这个视角出发，完成了一项探索未来的研究。

注释

① 在日本，本来全职主妇就很多，即使是有工作的家庭主妇，一般在生孩子后也不是马上上班，而是在家里一心一意带孩子。所以，一般认为，育儿期间的家庭主妇都是宅在家里不出门的。

"视点诞生的瞬间"

——案例 3　没有声音的"耳机"

我们在调查的时候非常珍视生活者的"真实的声音"。通过自由解答得来的文字、问卷调查的记录等,有时可获得出乎意料的视点。

那是一个二十多岁女白领的案例。据说她从公司回家时,尽管不听音乐,却喜欢戴着耳机。为什么呢? 原来是怕站在旁边的上司和同事跟她搭话。她想让人觉得"她在听音乐呢,不方便打招呼"。厂商为听音乐开发的装置被这个人当作了"躲避旁人"的用具。

还有这样一个案例。有一个女大学生跟我讲了一件"最近很受打击"的事。什么打击? 家里的电视机坏了。她觉得受到了打击,不是因为电视机不能看了,而是让她发觉,自己和家人之间是如此地无话可说! 她这样讲:"电视机就好像一个多嘴的妹妹一样。"一到家就会随手打开的电视机,或许被人们当成了"填补谈话空隙的工具"。物品的新功能可在生活中发现——这就是我们获得的又一新视点。

DON'T DISTURB！

"在下班回家的路上，当和那些工作之外不想说话的人在一起的时候，我就戴上耳机，闭上眼睛。因为这样一来，几乎所有的人都不会和我搭话，有的时候尽管我什么都不听，但还是会戴上耳机。"

这是博报堂生活综合研究所 1993 年进行"关于物和人的关系的调查"时，一位 27 岁未婚的女职员所作的回答。

"视点诞生的瞬间"

——案例 4 因孩子减少而增加的东西

现在是少子高龄社会,日本的出生率在不断下降。但是,我们所说的"孩子",究竟是到几岁呢?从国情普查上的划分来看,0 岁到 14 岁属于"年幼人口",15 岁到 64 岁为"生产者年龄人口",65 岁以上为"老年人口"。大致来区分的话,就是 15 岁以下是孩子,15 岁以上是成人。一位研究人员以这一统计指标为基础,计算出了日本孩子和成人的比率,也就是一个孩子对几个成人,做成表后如下所示。

你有没有大吃一惊?我们当时看了是吓了一大跳。

以前,一个孩子的周围只有两个成人,随着时代的发展,成人的数量越来越多,现在是一个孩子被 6 个成人围住,照这样推算下去,到 2045 年,一个孩子将有 10 个大人。

所谓"少子化",就是成人的数量不断增多。在思考未来的时候,这是个非常重要的视点。生活在"四周都是大人"这个时代的孩子——必须以此为前提,重新考量整个社会的结构。

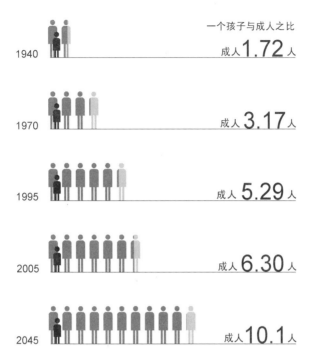

	一个孩子与成人之比
1940	成人 **1.72** 人
1970	成人 **3.17** 人
1995	成人 **5.29** 人
2005	成人 **6.30** 人
2045	成人 **10.1** 人

与一个孩子相对应的成人数的变迁

孩子是指不满 15 岁的年幼人口,成人是总人口数减去年幼人口得出的数,然后用成人数除以孩子数,计算出一个孩子相对应的成人数。

1940 年到 2005 年的比率,由日本总务省统计局国情普查后得出的结果编制而成;2045年的数据是根据日本国立社会保障与人口问题研究所"日本未来预计人口(2006 年 12月预测)"计算的预测数值得出的结果。

"视点诞生的瞬间"

——案例5 会移动的椅子,不是很好吗?

"荷兰的那个图书馆太有意思了!"一位研究员说着,介绍起互联网上的一个视频画面来。

视频画面出现一个围着书架来回寻找图书的男子。而那人的背后一直跟着一把电动座椅。这样,每当他找到一本想阅读的图书时,就能够随时坐到椅子上翻开书页。"嗬,可真方便!""哎呀,我也真想就这么坐下来阅读呀。""那椅子像个宠物呢,真可爱啊。"在大家互相发表着感想的过程中,我们的头脑里则诞生了新的创想——"不要静等,要动起来!"

比如,美术作品是在美术馆里等着人们来观赏的,但这是以前的老观念。要想让更多的人观赏,只要把作品拿到大街上去就可。于是就出现了街头画廊、移动美术馆的新创想。空调机可以在大楼里移动,那么公交车站是否也可以按着乘客的需要移动呢?从一把椅子引发的创想来重新审视世事,未来,也就豁然开朗了。

Take a seat

© Jelte van Geest / www. jeltevangeest. nl

这是荷兰设计研究院的一个项目。读者刷卡进入图书馆后，
在使用图书馆的过程中，椅子就一直跟随在他的身后。

在现实的彼岸欣赏
崭新的风景

　　前面我们介绍了"对事物的看法"、与视点邂逅的经验。拆除店铺间栅栏的女高中生、戴着不发声的耳机回家的女白领、图书馆里的移动型座椅,这些案例都是发生在最近的新鲜事。针对这些现象,如果再附加上某种"对事物的看法"的话,创想的空间便一下子开阔起来。"必须建设这样的商业街""应该建立起物和人的新型关系"。视点就这样改变了传统的常识,给我们以新的发现。而变换视点,思维也会发生变化。我们可以面对着眼下的现实,想象出其前端的另一个世界来。

　　怀抱婴儿的母亲,其实是怀抱着未来——当我们这样想的时候,也就会意识到:我们自己,还有身边的其他人,也都是如此。从而会产生这样的课题和发想:面对小小的未来,我们该做些什么? 与视点相会,也就是与一个崭新的自我相会。在下一章里,我们将与大家一起分享通过生活者研究积累起来的许多视点,请在体验多种多样的"看待事物的方法"的同时,享受与"崭新的你"相会的乐趣。

FUTURE

在中国邂逅的"视点"

这是发生在上海的事情。近来我们乘地铁的时候，已经慢慢习惯了"先下、后上"。原因有好多，其中一个，我想是因为在站台上划有"候车排队线"的缘故。有了这条"候车排队线"后，人们就自然而然地在上下车进出口的两边等待列车了。这不由得让人产生"当有了具体的'行动导线'后，人就会遵循它进行活动"的感想。单单传达"请排队"的概念是不够的，还要告诉人们"请在这里排队"，这才是重要的。

一天，去书店逛。来到小说专柜，发现这里把小说按种类分成"青春小说"、"职场小说"、"婚姻小说"等，在日本并不见有这样的分法。这正是人非常强烈地意识到"自己的位置和立场"、"自己所在的场所"的反映。这样的思维方法也许可以应用在其他各种商品的分类上，比如可以生产"职场饮料"、"职场盒饭"等。

上海的地铁站台

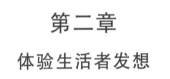

第二章

体验生活者发想

从哪个角度看？看什么？如何看？

在第一章里我们通过举例，论述了有关关注人的生活的视点的重要性。接着让我们一起来具体体验一下生活者发想吧。

在第二章里，将向你提出5个"对事物的看法"。

一、搜集"征兆"，解读时代的趋势。

二、人发出的"声音"，从语言中探寻真意。

三、将世事万象和人的性质状态转换为"数字"后进行理解。

四、观察日常所见——"场景"中映射出来的欲求。

五、把意识的起伏看作一种"波形"，勾勒未来。

征兆、声音、数字、场景、波形。

请把这些都看成是探寻看不见的欲求和未来的一扇扇窗户吧。

在讲述的过程中，我们穿插了许多"提问"。

请尽量思考一下答案吧，"要是我，会怎样?"

当然，文中也介绍了普通人们针对这些"提问"所做的回答。

你若能实际感受一下这些答案和自己想法的差异，那就更好了。

当你通过这样的体验，心中萌生出视点的时候，生活者发想也就真正成为你自己的东西了。

第二章

第一节

如何看待『征兆』

搜集让人"在意"的信息

在街上散步，或者看新闻报道的时候，你有没有过"总觉得挂在心上"、"说不清的牵肠挂肚"的感觉？

我们研究所就在有意识地收集这类让人"在意"的信息。比如前些日子，有位研究员就收集到报上刊登的这样一条报道，说的是警方抓获了两个合伙盗窃民宅的男子。这两个男子，一个70岁，一个41岁，在"胶囊旅馆"①里偶然相识后，便结成师徒关系。充当师傅的70岁的嫌疑人在调查时坦白说："自己年纪大了，不知道什么时候也许就干不了这个行当了，心里觉得不安，就想要把自己破门盗窃的技术全盘传给别人。"

上门盗窃和技术传承，让人感觉两者有点不搭调，好像上门盗窃也算是门传统技艺似的。按一直以来的常识来考虑让人感觉不太舒服，风马牛不相及……然而正是这种异样的感觉才是最重要的。这些令人感觉异样的事件，也许正是反映着时代变迁的"征兆"。

日常生活中充满着令人惊异和不可思议的事。我们不要放过这些新时代的预兆，要抱有"等一下，它为什么会让我如此关注？"的心态。让你"在意"的是什么呢？接下来就介绍一个引起我们"在意"的例子。

注释
① 设有一排排大小刚够在床上起卧的胶囊状小间的简易旅馆。

为临时性大众体验而
聚在一起的人们

先介绍第一个让人"在意"的例子。

那是东京马拉松比赛。这个开始于 2007 年、属于市民参与型的大规模城市马拉松比赛,每年有 3 万名选手朝着终点奋力奔跑。这个活动非常受欢迎,在 2010 年的比赛中,申请参加的人数达到 27 万 2 134 人,实际参加比赛的选手为 3 万 2 080 人,看一下刚刚起跑时拍下的照片,满眼都是人、人、人山人海。

这里感觉到的异样,是在于这个场景无论怎么看都是"大众"的。在多元化不断发展的日本,人人都以个体的意志为优先,被认为呈现出分散的趋势。然而这里却存在着确凿无疑的团体——"大众"。只是,这是一个大赛结束之后便迅速烟消云散的团体。这是为了一天的马拉松比赛而从全国各地聚集而来的"瞬间性大众"。于是,我们这样考虑: 现在的人是否在希望着短暂的大众体验呢? 他们是不是在体验一种好像海水浴、泡温泉一样的"大众浴"?

世界杯足球赛的人气高涨,夏季节日集会①的空前盛况……当想到这是一个人们扎堆作大众浴的时代时,我们又可以找到几个类似的现象。

注释

① 在日本,每到夏季,全国各地就纷纷举行音乐节活动。

272,134 人

2010 年东京马拉松比赛的报名人数。报名者每年都在增加：
2007 年是 77 521 人、2008 年是 130 062 人、2009 年是 226 378 人。

跳舞发电，发电夜

你听说过"发电地板"吗？这是一种将人在上面行走时产生的震动转换为电能的装置。在不断踩踏地板中储蓄电能——这是人力发电呢。它作为一种绿色能源技术而引起人们的关注。

年轻人注意到了这种发电地板，他们提出：把它铺在舞厅地板上吧！2008年，以"跳舞发电，发电夜"为名的活动，以日本首都地区为中心举办起来。这是一种通过在发电地板上跳舞、娱乐的同时也为环保作出贡献的尝试。化娱乐为环保，二者以自然的形式结合在一起是它的有趣之处。乍看上去好像是为开心而跳舞，实际上却在创造资源。这不是僵化的社会贡献活动，而是这样一种善意："至少把自己娱乐用的电，自己发出来吧！"

有报道说，发电地板以后还会铺设在电车车站的走道等处。也就是说，现在已进入这样的时代：在日常生活的同时，大家共同来创造能源。在普通的生活中不经意地保护地球，在这一点上我们感到了新意。

上面的照片是 2008 年 3 月的"发电之夜 Vol.1(横滨 NEWS 港)"和 2008 年 4 月的"地球日东京
2008 前夜祭 HATSUDEN NIGHT(国立代代木竞技场第二体育馆餐厅)"的情景。

市民的"共绿"

　　现在有将私人庭院向大众开放的动向。这项发源于拥有众多爱好园艺人士的英国、始于 20 世纪 20 年代的"开放花园"运动,现在在日本也开始活跃起来了。

　　比如北海道北广岛市的案例。点击该市的官方网站,就可以看到市民各具特色的庭院的照片,他们还策划了一个依次访问这些庭院的观光旅行活动。也就是说通过把市民们的庭院上传到网络,就能为建设绿意盎然的城市发挥力量。反过来看,市民精心布置自己的庭院已经不单单是一种个人的兴趣,也变成了一种参与地区绿化的行为。

　　另外我们也可以看到一些非行政化的、市民及个人自主的参与建设城市的活动。例如在全美各地盛行的"停车日"也是。这是一种大家共同出资买断道路上一定区间段的"投币停车场",使之不能再停车,搬来植物和长椅让它变成一个公园的尝试。这简直就是生活者亲手建设的公园! 这种消除政府和民众之间藩篱的社会活动,似乎正在世界范围内流行起来。

这是在北海道北广岛市的官方网站上，作为城市亮点来介绍"开放花园"的情况。每年7月，北广岛市花之会开展"开放花园"活动，市区开通免费的观光巴士。在观光期间以外的日子，只要得到主人的同意并遵守规矩，也可以参观。

有一种东西值得
我们携手共守

不只是让人感觉异样和不可思议的事,令人感动的事也可以教人"在意"。就是那些像"这真是一个很好的故事!"之类的事情。

2008 年,宝丽来公司出人意料地申请适用《破产法》,停止生产宝丽来胶片。是的,就是那个即拍即得的"宝丽来"。爱好者们闻讯悲伤不已。于是志愿者站出来了——"决不能让宝丽来成为历史陈迹,要让宝丽来重返世界!"他们推出了一个旨在救活胶卷的活动方案。令人难以置信的是,他们居然签约租下了在荷兰的宝丽来公司的旧车间,开始自己动手开发、生产胶卷。即使制造商停止生产了,还有爱好者守卫他们喜欢的产品,我们觉得这个创想真是伟大。

这件事让我们预感到了企业和顾客的新型关系。所谓消费,并不仅仅是享受物品的便利性,其中还有对物品的爱、还有爱着物品的生活者们的情意结……这个案例让我们想到了在物品制造中寄托着的希望。

摄影：爱好宝丽来的志愿者 编辑：SAVE POLAROID JAPAN

这是将宝丽来视为一种文化来坚守的活动团体 SAVE POLAROID
JAPAN 网站上题为"宝丽来之墙"的图片，意在用一张张热爱宝
丽来的人的照片组成一堵墙，阻挡胶片的停产。

你想成为一个村民吗？

日本高知县土佐郡本川村，是一个风光迤逦、尚保存着古朴风土的村庄。或许很多人都能在这里感受到日本本来的风貌。但这个本川村，现在已经不存在了。在平成年间的市町村大合并中，它成了高知县吾川郡伊野町的一部分。

本川村这个地名消失的时候，有人非常不舍。于是他们在互联网上建立了一个"虚拟本川村"。只要你"喜爱本川村"，无论在哪里，都可以成为村民。即使你从没实地到过本川村，只是偶尔在网站上交流就可以。截至 2008 年 6 月，在"虚拟本川村"上注册的村民已经超过 1 100 人。网上村民不仅有高知县的人，还有来自日本全国、甚至海外的网民。

有趣的是，本川村在当年行政区划上还存在的时候，村民还不到 800 人。虚拟化之后，人口反而增加了。"本川村真是个好地方！""真想到那里去生活！"只要你心里对这个地方有感情，就可以成为它的村民。也就是说，在如今的时代，人们距离遥远也能从属于共同的地缘社会。

本图根据"虚拟本川村"的主页
制作而成。在"本川村构成"的
页面上显示着网上村民注册者们
的分地区居住地。除了高知县以
外的不同都道府县的注册者，还
介绍了海外村民的构成情况。

网上本川村人口数

1 136 人

截至 2008 年 6 月 10 日

12
北海道

2
青森

7
宫城
1
山形

2
新潟
1
福岛

9
群马
1
栃木
7
茨城
19
埼玉

1
石川
1
富山
1
长野
1
山梨
69
东京
23 千叶
27
神奈川

4
福井
28
岐阜

2
鸟取
11
京都
8
滋贺
28
爱知
9
静冈

12
冈山
18
兵库
54
大阪
4
三重

15
广岛
77
香川
1
奈良

3
山口
147
爱媛
★
9
德岛

2
福冈
20
佐贺
5
大分
446
高知

6
长崎
6
熊本
9
宫崎

6
鹿儿岛

3
冲绳

2
加拿大

2
英国
2
法国
2
中国
2
夏威夷
5
美国

1 菲律宾
巴厘岛1

看不懂的女高中生手机短信

请阅读下页中手机屏幕上的文字。最后要介绍的令人"在意"的事是"女生字"。

看得懂吗？看不懂吧！

把片假名的"レ"和平假名的"ま"组合在一起，读"ほ"。明明有现成的"ほ"字，却故意创造出奇怪的字来，这是为什么呢？

交流，是由"代码"和"解码"来构成的。比如，要传达谢意的时候，人就会将这种心情转化为"谢谢"这一词语作为代码，传递给对方；而对方则加以解码，接收到其中所包含的感谢的心情。所有人都能解码的叫作"统一代码"；反之，只有特定群体才能解码的叫作"局域代码"。"女生字"就是典型的"局域代码"。

一个集团创造"局域代码"的目的，是为了防御。也就是说，她们要防止圈子以外的人能读懂短信的内容。拥有代码，是构建社会基础的第一步。我们是不是可以发现，女高中生通过生造文字，在构建自己的小社会、"小圈子"？

ᵧ⎪ᴵₗₗ ⎪P⎪✉ 　　　　11:05

ゃッレまぉ☆久乂ナニ″Йё♪
τヵ丶、期末σ勉強ッτUτ゚ゑ?
ぁナニU全然Uτナょぃ Oξ3
ξ3ャ／丶″ぃヵм○(*>д<人)
н/кЙёЙё、婚忸ヵゞッ⊇σ
帰レ)レニ┐оレ)撮レ)レニ
行ヵゝナょぃ?
ぁッξぃぇレ£″ぁナニUぉ金
ナょぃωナニ″ッナニぁ(´ε`)
τ″м○絶対行⊇ぅЙёω☆
U″ゃぁ、ぉ返事ょ3U<ぅε
ε≡(*>ωб)ノ

返信　　　　　　メニュー

上面是研究人员采录的一名 16 岁女高中生的
手机短信的页面。以下是译文。

哟☆久信(好久没联络过的短信)哦♪喂,期末有没有
在复习? 我完全没哎,估计再不复习就要惨了(＊ ＞
д＜人)。对了,下次放学后一起去拍大头贴不? 啊,说
起来才发现我没钱哎! (ε)不过绝对要去哦☆。好哟,
等你回信 εε≡(＊ ＞ωб)╱

如何看待"征兆"小结

　　新事物和新现象,就像时代这棵大树上繁茂的树叶。萌发生长,妆点枝头,时限一到,又纷纷散落。季节转换,新的树叶复又生长。树叶生生不息,必有促其繁茂的树根。乍看上去毫无关联的新事物、新现象却有着共同的根源,而这,就是时代的价值观,是生活者的气象。

　　前面介绍了我们所"在意"的事物和现象,你感觉到的它们的"根"是什么呢? 有"沉浸于大众体验""大家一起来创造资源""分散各地的同村人""创造文字圈起伙伴"……我们是这么看的:它们不都是从"共同生存的确认"这一树根上长出来的树叶吗? 经济危机、环境问题、治安恶化,当生存的根基动荡摇晃时,人们又重新意识到"我不是单独的个体",从而开始产生"一起携手生活下去吧"的行动。现在我们研究所正在从"共同生存的确认"这一视点出发,共同研究预计生活者会在新的社会中创造出的连带形态。

　　所谓"在意",是在时代的风景当中发现新"树叶"时所产生出的感情。当你和这样的预兆相遇时,不可以置之不理。你要停下来想一想:为什么我会在意那件事? 发现它的根源是最重要的。

事实有根

发生在中国的"在意"的事

　　这一章里曾谈到"让人费解的女高中生手机短信",其实,在中国的"90后"孩子中也有人使用被称为"火星文"的独特文字。在中国同时兴起与日本一样的潮流,这很有意思,也许现在年轻人的流行趋势已经超越了国界的限制。女孩子们使用这样的文字,内心深处有着什么样的欲求呢?这种欲求是不是和日本的女高中生一样?通过思考这个问题,我们也许可以发现中国年轻人新的需求是什么。

火星文

____━, ●´莪哟迦鉪祇圄
〖黑白〗兩種鉋俫

（翻译）

我的世界只有黑白两种色彩。

火星文

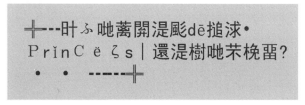

（翻译）

叶子的离开是风的追求还是树的不挽留？

第二章

第二节

如何看待『声音』

人是不善于语言表达的⋯⋯

"原始发言"——大家觉得这个词不常听到吧。汉字写作"生声"。在我们的研究所,每天都会进行采访和开放题的问卷调查,致力于引出生活者真实的话语。

第二个视点是,要从人的话语之中解读其背后的真实意图。

英语中的 Voice 一词,除了"声音"之外,还有"意见""愿望""表达"等含义。我们想听的不是"做,还是不做""喜欢,还是不喜欢"之类的形式性的回答,而是发自人的内心的真实的"Voice",我们想触摸到人心的深处。

人并不擅长表达自己。比如,如果被人问起"你在人生中想要看重的是什么?"你有没有回答好的自信? 这个问题很难答吧?但是,如果问法好,就能挖得出。你有没有过这样的体验? 在回答朋友或熟人的问题的过程中,会重新认识到自己:"啊,原来自己还有这样的一面!"好的回答由好的问题催生。

怎样才能引导出连对方自己都没察觉到的价值观和幸福观呢? 接下来要介绍的,就是获取每一个人的"Voice",倾听其内心真实声音的方法。

用过去曾经熟悉的测验的诀窍

从人们那里获取语言的提问框架随处可见。比如小学的考试题,在语文和社会学科的考试当中,有没有一种"填空题"?

——请在以下的括号内填上适当内容。

我们将这种测验方式转换为调研手法,以探寻人们的意识。我们叫它"文章完成法"。右页就是一组了解人们对"电视"的看法的问答题。你会在括号里填上哪些词语呢?顺便介绍一下,这是一位28岁的男性的回答:电视像(强迫性很强的人)/电视的死敌是(说话毫不留情的民众)/(正确的网络信息)比电视精彩/讨厌电视的人是(性格乖僻者)/电视 + (自净作用) = 完美/电视 − (不知自省的有关人员) = 完美……

人对于某个对象(物品、场所或人物)感觉到怎样的吸引力,怀着什么样的期待,这样的感觉又来自哪里……如果单纯地询问:"你喜欢它的哪些地方?为什么?"只能得到表面上的答案吧?然而抛出更多的视点,让对方思考类似的东西、敌对的东西,不足或者过分……被询问者自己也会有更多的发现。

Q1　电视像（　　）

Q2　电视的死敌是（　　　）

Q3　（　　）比电视精彩

Q4　讨厌电视的人是（　　　）

Q5　电视+（　　）=完美

Q6　电视-（　　）=完美

．
．
．
．

从 影 来 说 光

想要了解一个人，探询其正面情绪是常用的套路。"你喜欢什么？""你想得到什么？"，等等。但人生之中不仅仅只有正面情绪的吧？"我讨厌那种音乐和装扮""那种说法我可实在喜欢不起来"……其实，消极的负面也反映了一个人的价值观。所以我们会问：你讨厌什么？你不要的是什么？

＊我从不把 T 恤衫当作时装来穿。(20 岁，女)

＊我不要土地、房子和暖桌，会让我感觉要扎下根来。
 (35 岁，男)

＊我反对那种认为只有爱运动的少男少女才像真正的儿童的想法。(41 岁，女)

这些都是在以否定性情绪为主题的调查中得到的答案，但你是否嗅到了种种"独特的气味"？那种"我反对那种想法！""我不赞同！"的意志。当你抹去"拒绝"的阴影，光的部分就显现出来了，那便是一个人的轮廓。明确阴影的部分，是人格的"反转显示"。团队、企业这些集体，也是一样的。它们的宗旨当中"不做"的东西，显示的正是其独特的色彩。

你的对白是什么？

有这样一种调查方法：出示连环画中的一个场景，请对方设计对白。这种调查方法叫"对话气球(Dialogue balloon)调查"，用日语说就是"吹出法"。问卷上的画面里有空白的对话框，让答卷者填写。

请看右页上的画，这是我们在进行一个瓶装茶调查时用过的画面。人在对瓶装茶说着什么，然后瓶装茶又对人回答了什么。调查结果出来后，我们发现一个倾向：女性答卷者设计的会话很有趣。比如，"我今天出了很多错啊"(16岁，女)、"今天累死了"(35岁，女)等。也就是说，她们在对着瓶装茶发牢骚。

我们发觉，人是需要倾听者的。放在桌上的瓶装茶，不仅可以用来解渴，还倾听着女性们的牢骚和哭诉。对话框里写着的对白，反映的是人们对商品作用的无声的期待。

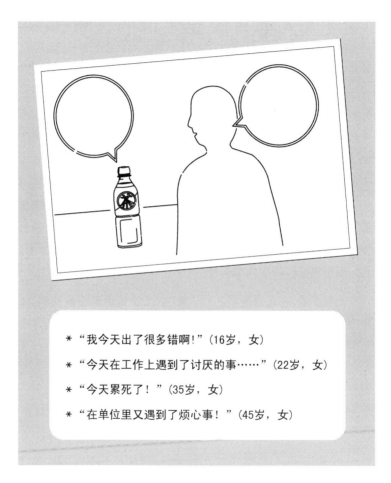

＊ "我今天出了很多错啊！"（16岁，女）

＊ "今天在工作上遇到了讨厌的事……"（22岁，女）

＊ "今天累死了！"（35岁，女）

＊ "在单位里又遇到了烦心事！"（45岁，女）

上面的画面是 2003 年实施的一项 "对话气球调查" 中获得的女性调查对象
的回答。

人人都有想要倾诉的往事

成功的访谈会出现"跑题"和"绕道"——这是我们的经验之谈。本来是一个有关"工作方法"的访谈,不知不觉中却变成"夫妻吵架"的牢骚。那也不错啊,因为本来工作和家庭就无法分割。

在交谈中有值得重视的跑题的方向,那就是对方的回忆。当他回忆起往事的时候,你得把耳朵竖得老高。故乡的事、孩提时代、少年棒球和少女漫画、喜欢的场所、邂逅和失恋、父母琐事、痛苦的体验、失败的经历……我们会就日常生活中的各种主题进行访谈,然而令我们产生强烈感受的是:人真是喜欢回忆过去啊!人人都有想要倾诉的往事啊!

说起这些,在飞速发展的现代社会,无论是调查还是交谈,只有"当下"才被视作重要的信息。"现在你想要什么?""你选择哪个?""这样的话你会买吗?"……可真正重要的,难道不是从一个人一路走来的足迹之中,了解其现在、预测其未来? 他吃东西的个人史、穿衣服的个人史、学习的个人史……是什么将这个人一路送到了"今天"? 当你看到了这些,才会对他产生深刻的理解。

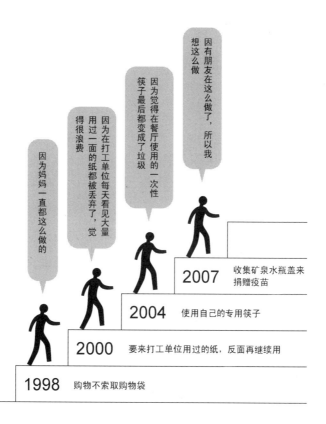

这是了解环境保护方面的个人历史的调查结果。询问以往的环保
行为经验，以及开始这一行动的"契机"。以日本首都地区的生活
综研专门委员会"生活发现合作者"为对象，于 2008 年 5 月实施。
样本为一位 25 岁女性回答。

"落语"中的"出谜题"①……
心里的想法是什么?

　　请回想以下第一章中"视点诞生的瞬间"的一个案例。我们讲到过不想被别人搭话时,尽管不听音乐也要戴上耳机的那位女性(第28页)。任何物品都存在着出乎生产者意料的另一种功能,而将这种功能挖掘出来的手法,就叫"Monolation 测试"②。

　　所谓"物品关联",指的是物品与物品之间形象上的关联。比如,提示"手机"这个词,要求写出与其感觉相近的其他物品,并叙述两者之间的联系,这就像日式相声"落语"中的"出谜题"那样,"提到什么,可解作什么,心里想的是什么"。

　　对于与"手机"相近的物品,有人举出"手表",理由是"为了消磨时间,总会不由自主地拿出来看"。又有人举出"口香糖",回答说:"那种没什么营养,却长时间在手(舌头)上翻来弄去的感觉。"根据这些回答,我们发现了"手机""消遣手指"的功能,而"手用口香糖"这一概念也随之而生。感觉的连锁反应当中,潜藏着生活者看不见的欲求。

注释

① 日本传统艺术"落语"中有一种被称为"出谜题"的语言游戏。用"○○和××,它们的关联语是什么"的形式来表演。乍一看,○○和××好像没有关系,而它们的关联性则在后半句中表达出来。比如,"手机和内裤,它们的关联语是'若不在身上就会心神不宁(或者有被解脱的感觉)'。"

② 创造新词。Mono + Relation。Mono 是日语,物品的意思;Relation 是英语,关联的意思。所以 Monolation 测试是物品关联测试的意思。

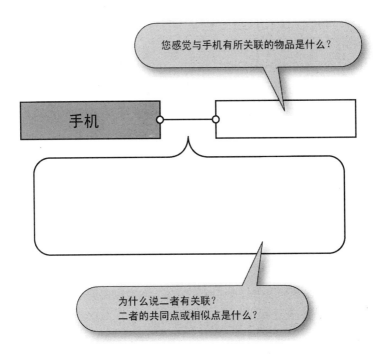

您感觉与手机有所关联的物品是什么？

手机

为什么说二者有关联？
二者的共同点或相似点是什么？

脱口而出的是一个人的心

　　说出自己的真实想法有时是件难堪的事。通常,人会伪装、掩饰、戴假面具。"我才不想被了解呢!"这也是他们内心真实的想法。如何强制性地引出人们的真心话? 让我们来介绍一种有点"坏心眼"的调查方法——"强制联想法"。接连不断地快速在屏幕上投影出单词、画面和照片,要求对方在看到幻灯片的瞬间立即写下头脑中闪过的 6 个联想词,回答时间是每个问题 30 秒以内。如果时间不够,不用汉字也可以。

　　主要意图是不给他理性思考和伪装的时间。"没来得及想就写下了……"这里面蕴含着人的真实想法。

　　比如看到"可爱"这个词,要是您的话,会联想到什么呢? 实际调查中发现,除了有很多人列举出诸如"小小的"、"圆形的"之类的形容词外,"想紧紧抱住"、"想好好宠爱"等情绪性的联想词也引人注目。"可爱",是"想紧紧抱住"这样一种接触欲望的表达,而"小小的"、"圆形的"形状是实现它的条件。这个经验告诉我们,人们脱口而出的语言是可以关联起来加以理解的。

上图是 2009 年实施的会场调查中得到的"可爱"的联想词。

如何看待"声音"小结

刚才我们和大家一起体验了如何获得生活者心声的方法,大家应该已经实际感受到了读取语言这一程序的复杂和有趣。

"察知心声"的工作从多角度提出问题、细致地收集答案开始。这样收集来的众多答案当中,潜藏着重要的只言片语。它可以是吓您一跳的发言:"居然可以这样看?!"也可以是被询问者重新发现自我的回答,还有脱口而出的真心话。这些片言只语是洞察的起点。我们以之为线索,不断探寻与之一脉相通的语句,于是逐渐深化对它的理解。也就是:发现一点,牵出一串。所谓发现,和探寻矿脉、水脉其实是一样的。

言为心声。除了失言以外,人们说出的话没有一句不是想引起别人关注的。然而也正因如此,我们常被大量的倾诉搞昏头,身陷于言语的漩涡。"该听谁的?""我不知道什么才是对的!"被自己好不容易收集来的声音淹没,结果可谓得不偿失。让我们去汲取潜流在五花八门的发言之下的意图与真心吧! 对于发言人,我们觉得这也是一种礼貌。

发现一点，牵出一串

微博+（?）= 完美

我们用本章中介绍的"文章完成法"，就"微博"进行了问卷调查。调查对象是北京、广州、上海的"70 后"、"80 后"、"90 后"人群。

从中挑几个来看看吧。

对于"微博比（　　）更好"的问题，有人回答"幻想"。由此是否可以说，微博与其说是虚拟的存在，倒不如说更被人看作是个现实性的工具。

对于"微博+（　　）= 完美"的问题，有人回答"零食"、"一杯咖啡"，这样的回答让人眼前浮现出答题者写微博时的情景。写微博对于他们来说，也许是稍作休息的时间。

对于"微博−（　　）= 完美"的问题，有人回答"悲伤"、"痛苦"、"寂寞"。虽说越是悲惨的新闻越能成为话题，但是，人们写微博的目的，与其说是寻求这类东西，也许更是为了能放松情绪，给自己带来快乐的心情。

微博比（收音机）更好 （广州 21 岁男性）

讨厌微博的人是（爷爷、奶奶） （北京 21 岁女性）

微博＋（零食）＝完美 （北京 21 岁女性）

微博＋（一杯咖啡）＝完美 （上海 27 岁男性）

微博－（痛苦）＝完美 （广州 41 岁男性）

微博－（寂寞）＝完美 （广州 22 岁男性）

没有微博的生活（很乏味） （上海 41 岁女性）

……

2011 年 12 月实施。
调查对象为北京、上海、广州居住的 90 后、80 后及 70 后的男女 360 个样本。
调查实施者为诚越市场研究有限公司。

第二章

第三节

如何看待『数字』

数字是伟大的表现者

把世态转换成数字来观察。通过转换成数字,会让人产生"啊,原来是这样啊!"的切身感受。

先介绍一个例子。塑料伞,大家很熟悉吧。碰到突如其来的雨天,我们常会买上一把。也正因为如此,我们常常会把它忘记。"我被迫买了很多伞了!"现在我们把这种感觉转换为数字来看看。据日本洋伞振兴协议会的统计,日本是世界第一大雨伞消费国,购买量是每年1亿3 000万把! 其中九成是塑料伞。顺便提一句,汇集到交通机构待领的伞,也有"一雨3 000把"的说法。

另外,不少人都在感叹"最近离婚的夫妇可真多啊"。据调查,2009年日本全国的离婚案件约为25万3 000对,算起来每两分钟就有一对离婚。

——这么多。用数字来表达之后,认识加深了。原先朦朦胧胧感觉到的事情结合到具体的形象,获得了理解和认同。

数字把真实摆到您面前。把感觉转换成数字后,社会景象和人物形态便显现了出来。在这一章里,我们要告诉您将感觉转换成数字的方法,以及如何解读那些数字。

例如,用时间来衡量感觉

我们常说,这世上既有急性子又有慢性子,但这是一种凭感觉的说法。通过某种实验,我们可以把人对时间的感觉数量化,这就是"体内时钟测定法"。这实验非常简单,您也可以立刻试试看。

准备一个有秒针的表。开始的时候闭上双眼,直到感觉过了一分钟再睁开眼睛,确认钟表显示的时间秒数。闭着眼睛的时候不可以在心里数数,就呆呆地等到感觉过去了一分钟,再睁开眼睛。

好,自己看一看!

怎么样? 通过我们的这个测定调查,可以用数据来获知现在人的性子变得有多急躁。人感觉到的 1 分钟,平均起来,实际上是 44 秒。这个测试不仅可进行一分钟的测验,也可以测试 15 秒、30 秒。如右页的图表所示,测试结果漂亮地形成了一条直线。也就是说,人体内的时钟节律是一定的,在人的身体里,时间在以比现实更快的速度流逝。数字为我们证明了"急躁时代"的这种感觉。

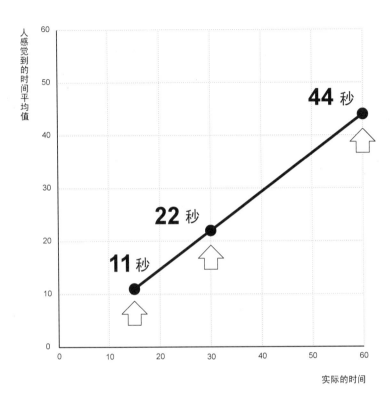

通过"体内时钟测定法"得到的时间感觉数据

这个实验可测试 15 秒、30 秒、60 秒等各段的时间感觉。让接受测试者闭
上双眼,以"准备,开始"的口令开始实验。接受测试者在感觉到已到了指
定秒数时可举手告知。测试者用秒表来计算举手者的实际秒数。上述数
据是 1992 年以 14 名男子、23 名女子,总共 37 人为对象进行测试时获得
的测试结果平均值。

请自我介绍一下……
但是要用数字

可以通过数字来了解人格和人物形象，接下来我们将向您介绍这样的调查手法。

提问：请自我介绍一下。但这个自我介绍的主题是要用数和量来表达自己。不要用诸如"性格稳重大方"、"我的座右铭是……"之类的抽象形容，而是用消费的金额或时间、拥有的物品数量、经历的次数和频率等具体的数字来表现出一个独一无二的您。

比如，一个 27 岁的独居男性写下了"拿手菜 50 个"，娴熟老到的生活形态也就呼之欲出。写下"身体年龄 19 岁"的 32 岁男性，显示出他对青春的自豪和看重。"拥有 6 个电子信箱并分开使用"的 58 岁男性，让我们窥见了他交际圈的广泛。"转学 6 次"的女性，正如她接下来写的"适应力强"，显示出她社交能力背后的因果。

我们把这些"能突显人物面貌的数字"，叫做"私数"。您的"私数"是什么呢？了解"私数"，就可以重新发现自我。

拿手菜 50 个
(27 岁男性)

身体年龄
19 岁
(32 岁男性)

拥有 6 个电子信
箱并分开使用
(58 岁男性)

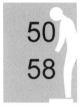
体重 50 公斤
冬季 58 公斤
(27 岁女性)

拥有 10 年的环
保袋使用经历
(31 岁女性)

转学 6 次
适应力强
担任 PAT 委员 5 次
(50 岁女性)

* 上面是 2008 年以日本首都地区的生活综研固定样本"生活
发现合作者"为对象进行的"数字自我介绍"调查的结果。

读取他人心底的数字

平时,在彼此拥有共识的前提下会使用这样的语言:"都已经是大叔了""要不要去喝一杯?""大减价!""最近有点胖了……"

且慢,大叔究竟是多大岁数? 喝一杯到底是多长时间? 大减价当然好,但是打几折? 有点胖了是几公斤? 您有没有想过,彼此交换的语言被对方如何拿捏把握? 有一种调查技巧可以将人们不经意的语言转换成数字,调取其心底的想法。这就是"Mind Score"(心理数值法)。

右页是运用该调查方法的几个问题。

有些被认为大家感觉都相同的概念,转换成数字后竟然也会有不小的差异。或许它也能成为您在跟别人沟通时的参考和指南。

问：“大叔”，是从多少岁算起？

问：“近处”，是距离自己家多少米的范围内？

问：“一瞬间”是几秒？

问：“去喝上一杯”是多长时间？

问：“酷暑”是多少摄氏度以上？

问：“大特价”是几折？

问：“过去的事”是多少年以前？

问：“多数派”是百分之几以上？

问：“新婚”具体是指结婚后几年内？

问：“胖了”是一个月增加了几公斤？

问：“零钱”是多少钱？

数值的外延,就是心的外延

在上一节,我们请您将心中的数值与世间的平均值进行比较并着眼于其差异。然而,平均值毕竟是平均值。有人答得小、有人答得大,人就是这样千姿百态。这就是人的感觉的外延。

现在,让我们通过分布来看看这种感觉的外延。

右页图表是针对问题"'胖了'是一个月增加了几公斤"的分性别分布图。从回答 1 公斤到 20 公斤的都有。男性答题者的平均值是"增加 3.25 公斤",而女性是"增加 2.44 公斤"。也就是说,男女之间对于"胖了"的认识,存在着 800 克左右的沟壑。男女心理上的差异,通过数字显现了出来。

另外,"'大叔'是从几岁算起"的男女回答分布也显示出差异。男性感觉"大叔"是从 42.4 岁算起,而女性感觉到的大叔是 44 岁。各位 40—44 岁的男同胞们,你们不用太早就觉得自己老!女性还没有像您自己以为的那样,把您当成大叔。

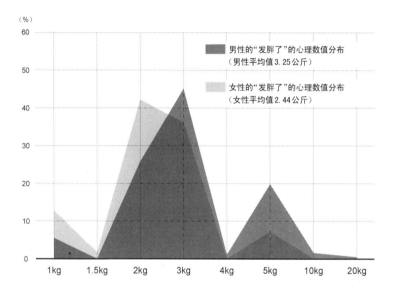

（%）

- 男性的"发胖了"的心理数值分布
  （男性平均值3.25公斤）
- 女性的"发胖了"的心理数值分布
  （女性平均值2.44公斤）

上图是"'胖了'是一个月增加了几公斤"这一问题 362 个样本的男女
答题分布情况,根据日本首都地区的生活综研固定样本"生活发现合
作者"为对象的调查结果。2009 年 5 月实施。

因年龄增加而变化的心理数值

刚才我们介绍了体现在数字上的男女差别,接着我们再来看看不同年龄的人在感觉上的差异。

让我们再回顾一下 91 页的问题。对于"'近处'是距离自己家多少米的范围内",您的回答是多少米? 这个数值因年龄的差异而不同。年轻人的"近处"的范围广,而随着年龄的增加,半径越来越小。

那么,对于时间的感觉又是怎样呢? 关于"'过去的事'是多少年以前",其平均值随年龄的增长而越来越大。年轻人立刻就忘了,上年纪的人却念念不忘。十几、二十岁的年轻人把 3 年前的事就当作"过去的事",而 50 岁以上的人要花一倍的时间,才会把事情归之于"过去"。

随年龄而不同的对空间和时间的认识差异,也是通过转换成数字之后发现的。我们不用"年纪大的人不爱活动"这样模糊的表述,而是说"活动范围变成年轻人的一半",用明确的数字,从而也就增加了对高龄者的理解。

"附近"是距离自己家多少米的范围内?

整体平均值:

472米

♂男性　514米
♀女性　431米

分年龄段的平均值:

10—29 岁	587 米
30—39 岁	578 米
40—49 岁	612 米
50—59 岁	345 米
60—79 岁	253 米

过去的事"是多少年以前的事?

整体平均值:

5.5年

♂男性　5.2年
♀女性　5.7年

分年龄段的平均值:

10—29 岁	3.1年
30—39 岁	4.4年
40—49 岁	4.8年
50—59 岁	6.9年
60—79 岁	7.7年

根据日本首都地区的生活综研固定样本"生活发现合作者"为对象
(359 个样本)的"心理数值"调查结果。2008 年 6 月实施。

数字体现出来的人生

年轻人活动范围广,回忆浅,忘性大。上了年纪的人活动范围小,但能记得更久以前的事……所谓上了年纪,就是"步小,时深"。数字表现了人生。

请看右页的图。扁平的圆柱是年轻人的时间和空间,就像一个"游泳池";细长的圆柱则是老年人的时间和空间,就好像一口"水井"。二者的体积是一样的。人所生活的世界,无论在什么年纪大小都一定。随着年龄的增长,只是时空的比在变化。

老年人较多的社会是一个"水井"型的社会。需要提供在狭小的范围内能让他们享受丰厚时间的基础设施。近来热议的"紧凑型社区"的想法也正是如此。在这种情况下,"通过媒体播放怀旧的影像和音乐,为足不出户的高龄老人带来快乐"的想法也是一个不错的建议。不过反过来看,"是不是也应该创造外出的动机,帮助老年人扩大活动的范围?"将人的意识和感觉转换成数字来加以认识,我们就可以一起讨论未来的设计图。

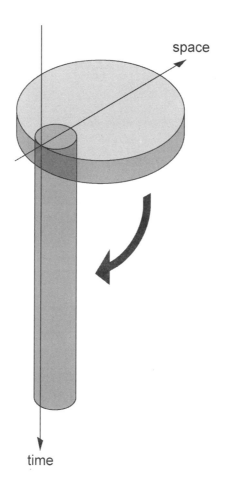

space

time

如何看待"数字"小结

数字是认识的手段。比如,家庭开支账簿、保健体检表的数据都体现了你的生活状况和身体状况。有了这些数字显示,我们就能够以此为依据,调整生活预算的分配,改善生活习惯。

另外,数字还可告诉我们自己和他人之间的关系。我们曾经在进行一个有关手机使用方法的调查时发现一个有趣的现象:20来岁的年轻人对每月话费的变化很敏感。这其中虽然有对经济负担的担心,但更多的是在乎每个月与恋人之间的通话量。"上个月我给她发了多少短信?""和他通话多少次了?"看来,以手机使用的话费这一数字为指标,也可以测量彼此相爱的深度几许呢。

说起来,我们的生活就是生产数字的过程,有的人退休后就带上计步器,提出要每天步行 8 000 步。有个 40 来岁的男子买了一个太阳能电池板,他说观察一天的发电量和自给率的数值是一大乐趣。也就是说,创造数字成了生活的目标和激励自己的源泉。你也可留意一下自己每天创造的数字,倾听这些数字告诉你的一切。此时,数字就是你的思考伙伴了。

生活，其实就是生产数字的过程

中国人心中的数字

我们曾在中国传媒大学广告学院学生（44 人）和主要是 40 来岁年纪的老师（30 人）的配合下，进行过"一分钟调查"。其结果是，学生平均是 54.6 秒，老师平均是 45.8 秒。相比较年轻一代人，似乎 40 来岁年纪的人感觉时间流逝得更快。

对于"'胖了'是一个月增加了几公斤""'附近'是距离自己家多少米范围内"这样的问题，中国人究竟是怎么认为的呢？

在中国，我们也用本章介绍的"心理数值法"进行了调查，以获得被访者心底的数字。

调查以北京、上海、广州三个城市的"70 后"、"80 后"、"90 后"共计 360 人为对象进行。

认为一个月内属于"发胖了"的体重增加数，从 100 克到 20 公斤的都有，平均下来是增加 3.2 公斤。

同样，男女之间也有很大的差距。男性的平均增加数是 3.9 公斤，女性的平均增加数是 2.4 公斤，平均相差 1 公斤多。从回答最多的数字来看，男性较多的是 5 公斤，女性中有近三分之一的人回答 1 公斤。看来，女性对体重的增加看得相当严。

对"附近"是多大范围的调查也有新的发现。

认为"附近"的范围，平均是 204.7 米。回答最多的是 100 米，有六成人回答是不到 100 米。而在日本的调查结果，10 多岁到 30 多岁的人，平均是 600 米不到。看来，对于"附近"这个概念，与日本人比较起来，中国人认知的范围要狭小得多。

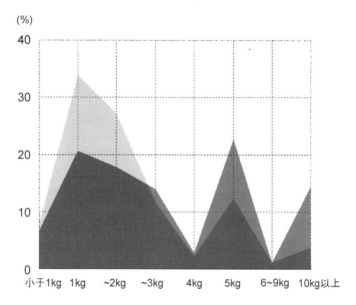

■ 男性的"发胖了"的心理数值分布（男性平均值3.9公斤）
■ 女性的"发胖了"的心理数值分布（女性平均值2.4公斤）

针对"感觉胖了啊，是1个月增加多少公斤?"提问的回答的分布。
2011年12月实施。调查对象为北京、上海、广州居住的90后、
80后及70后的男女360个样本。
调查实施者为诚越市场研究有限公司。

第二章

第四节

如何看待『场景』

"写真"写的是真

接下来我们想要介绍的是,如何在日常生活的"场景"之中发现看不见的东西。我们研究所经常进行一种叫做"生活写真调查"的研究,会设定各种主题请全国的调查对象拍照,并把照片寄给我们。比如:

"请拍摄令您感觉安心的素材。"

"请记录平时早、中、晚三餐餐桌上的情景。"

"请将令您感觉幸福的事物收入镜头中。"

成百上千的照片汇总而来,反映着每个人的真实。我们浏览着各种生活场景的画面,就如同遨游在现实的大海之中。然后伴随着生活在当今时代的人们的欲求,未来生活的形象也就呼之欲出。被拍摄下来的一个个对象都是些不会说话的物品或空间,可在凝视之中却窥见了拍摄者的"心中所感"。那种感觉跟用语言和数字来说明理解却又不同——那是一种"涌上心头的感觉",是"耳闻"不是"倾听",是"去感受"。

正因为写出的是真实,所以叫"写真"。在这一部分里,希望您也可以有所感受。

餐桌上看到的时代

我们曾经做过一个"餐桌写真调查",请首都地区约230位调查对象拍摄两个工作日和两个休息日、早午晚三餐、平淡日常的餐桌景象。

回收来的餐桌场景总共有2 294张。

仔细地观察这些照片,可以感受到很多。例如有很多照片的餐桌上有瓶装水,却没有玻璃杯。据此可以推想,现在的人们即使在餐桌上也直接饮用瓶装水,"直饮"变成了很平常的事。还有很多餐桌上放着营养补充剂。一边享受美食,然后用营养补充剂来调整……让我们窥到了一种"自取自消"的生活方式。

还有,以前我们常会看到父亲在餐桌旁阅读报纸的情景,现在则已经被电脑代替。餐桌上放着电脑的场景,已经是非常普通了。

电脑、营养补充剂、瓶装水……这些当今时代的象征品,被拍入了餐桌的写真。摆在餐桌上的,是"时代"。

以日本首都地区 228 位 15～69 岁的男女为对象进行的"餐桌写真调查"获得的结果。从上至下,分别是 57 岁女子、48 岁男性、26 岁男性拍摄的餐桌写真。2008 年 3 月实施。

食物与信息做邻居

在"餐桌写真调查"中，我们特别注意到的是电脑的存在。

请看右页的照片。6 张拍的都是同一人物的餐桌。这位 22 岁的单身男性居然在电脑上用餐！食物摆到了键盘上搁手腕的边缘，而且三餐都是！也就是说他一直在这儿吃！这令我们身临其境地感受到：营养摄取和信息获取在同时进行！说明这是一个食物与信息紧密相邻的时代。

这些照片催生出这样的视点："或许，将来的餐桌会是在信息终端？"实际上，似乎已有家电制造企业在研究作为家庭信息终端的餐桌。一家人在餐桌上的交谈和留言、品尝过的菜肴的内容等等，都可以作为家庭日志通过这个餐桌储存下来……或许，这还是未来生活的写照，但我们能从这位 22 岁男性的照片之中，窥探到未来生活的雏形。拍下来的场景本身虽然还和未来舒适的生活相去甚远，然而却有萌芽存在于其中。

22 岁男性单身独居者的餐桌写真。
出自 2008 年 3 月实施的"餐桌写真调查"。

"喜欢测量"的人们

　　我们以"健康"为主题请大家拍摄照片。让我们惊讶的是,听到是健康之后,有许多人拍了计测器材的照片寄来。有体重秤、脂肪测试仪、血压计、计步器,甚至还有视力检测表。

　　据此我们可以知道,人们想把身体状况转换成数字的欲望有多强。"胖了多少公斤""今天早上血压多少""今天走了多少步"……人们是这样面对健康的。这些也可以说是上一节"如何看待数字"所介绍内容的实际例子,所谓的"健康私数"。

　　除了计测器材之外,还有很多照片拍的是根据自身测量数值所做成的图表等等"记录用纸",甚至还有反映将这些数值输入电脑进行统计的照片。查看跑步距离与体脂肪比例的关系,在减肥日记中将步行数记录与体重变化的推移进行对比……

　　不仅仅是健康这个主题,我们感觉今后将向"自我分析的生活"发展。写真,显示出了这一群人的"胎动"。

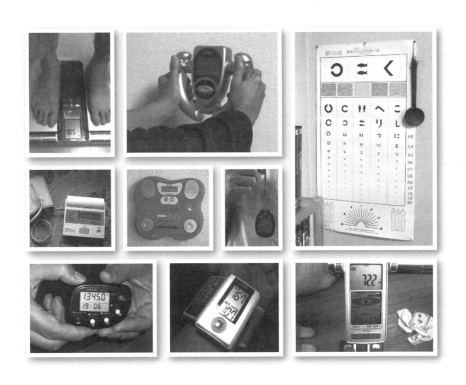

以日本首都地区、阪神地区 224 名 30～69 岁的男女为对象
进行的"健康写真调查"的结果,2008 年 10 月实施。

情谊拍得下来吗?

生活写真调查有一个缺点,那就是拍摄到人脸的照片一律判作无效。没错,因为涉及保护个人隐私的问题。所以我们会向协助调查的各位参加对象提出"请不要拍摄到人脸"的要求。

2008 年我们进行了一项名为"拍下成为您安心之源的事物"的调查。对于许多人来说安心之源应该是家人或朋友,然而却不可以拍摄他们的样貌。那么调查结果有没有走样呢? 没有。在个人隐私得以保护的同时,家人和朋友还是入了照。

右页便是其中一例。丈夫的双脚,和孩子手挽手的特写镜头,与朋友或妻子一起散步时的影子。即使不拍摄人脸,也还是有很多人花心思把重要的人摄入了镜头。这令我们深深感动。想拍就拍得到! 这份心意超越了法律! 生活者才是真正的创意人!

拍摄者强烈的心愿呼之欲出。生活写真调查里重要的不是寻找拍了"什么",而要看"如何"被拍摄,其中会有发现。

以全国 15～69 岁男女共计 802 名为对象进行"安心写真调查"的结果,2008 年 10 月实施。左图为一名 37 岁女性拍摄的丈夫和自己的双脚。她写下的注释是:"老公。他是永远不会辜负我的、最重要的人。"右图是一名 21 岁女性拍摄的和朋友一起在海边的照片,她的注释是:"无可替代的时光,这是实实在在的回忆。"

安 心 的 构 造

大量浏览同一主题的照片,能从结构上把握人们的欲求。前面我们介绍的"安心之源"调查,共从日本全国征集了 1 600 张照片。综观之后我们发现,现今人们的"安心"共有三层构造。

第一层是"自我"的安心。通过支持品和配置物来支撑自己的生活,最为直截了当的表现就是金钱。另外还有拥有有益的信息。通过经济和信息方面的装备来保护自身,构建起"安心"。

第二层是"周围"的安心。包括家人、朋友,甚至宠物等等,通过强化自己与周边的联系、情感纽带,巩固周边从而获得安心。

我们还发现了很多富有社会意义的照片。例如通过使用环保袋,来保护自己赖以生存的环境与地球。自己种植蔬菜提高"食物自给率",提高日本土地的肥沃力。而这些姿态与"安心"有关。这就是我们要说的第三层:"措施"的安心。

就像这样,把某个题材的各种照片放在一起,然后进行分类和编辑,就能呈现出人们内心世界的整体。

  "自我"

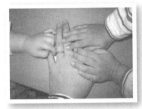  "周边"

  "措施"

分析"安心写真调查"的拍摄结果得来的"安心三层结构"

"自我"的安心:"金钱"(42 岁男性)/"我家的 OA 办公空间"(62 岁男性)
"周边"的安心:"我的未满周岁和 2 岁孩子的手"(23 岁男性)/"爱犬"(17 岁女性)
"措施"的安心:"环保袋"(59 岁女性)/"自家种的葱和萝卜"(65 岁女性)

喊号子的力量^①

　　"安心"之后是"赞成"。我们又以"您赞成什么"为主题请求拍摄了写真。耐人寻味的是,居然有那么多庆祝场景的照片! 首先是有许多拍摄当地寺庙和神社庆祝活动的照片,另外还有地方上的"食育节""音乐节"等附上"赞成热闹和交流!"评语的照片。

　　赞成庆祝是什么意思? 在浏览照片、阅读评语的过程中,渐渐有这样的关键词浮现:"挑夫欲求"——人们在现在,是不是很想和大家一起来担负什么? 在集体观念早已土崩瓦解、个体扩散的漫长时代,生活里已经没有什么可负担。而这样的结果是人们开始产生莫名的不安感。所以,人们现在才想抬起神轿、想置身于热火朝天的场景当中。

　　前面 58 页"如何看待征兆"的小结里曾提到"共生确认"的视点,我们觉得庆典场面的写真也有着相同的"根"。提供可担负的东西和可担负的场景,或许,这能创造出今后的一种"赞成"。

注释

① 在日本的节日活动中,抬扛神乘坐的"神轿"是一项重要的活动。从中,我们是否可以认为,在赞成"节日"的声音背后,就像节日活动中"抬扛神轿"一样,也有着想担当些什么的欲求? 另外,在"抬扛神轿"的时候,人们会"嗨哟嗨哟"的喊号子,所以把这样的"想担当些什么"的欲求称为"喊号子的能量"。

以日本全国 589 名 15～59 岁的男女为对象进行的"赞成照片调查"获得的结果。题目是"请拍摄你赞成的对象"。2009 年实施。上图是一位 53 岁男子拍摄的"御柱祭滑柱",下图是一位 67 岁男子拍摄的"岐阜县神户町 神户山王祭"。

课题：请拍摄幸福

正如您所看到的那样，我们在调研中承蒙多方协力，收集写真，进行分析。不过，这会不会有点太取巧？老是让别人做这做那的，自己就不拍点什么吗？是的，您说到点子上了。调查的基本就是让问题的设计者自己回答问题，确认从中获得的发现。

右页的照片是针对"请拍下令您感觉幸福的东西"这一课题，由担任策划的研究员亲自尝试的成果。他在上班的路上，一边走一边寻找"幸福的场景"。后来他发现"有人存在的感觉"与自己的幸福感有所关联。从被拾起的帽子想到人的善良；整齐堆放的盒饭唤起了旺盛的食欲；绳帘的那一头仿佛有人们杯筹交错……所有场景都看不见人的身影，却能感觉到人类活动的痕迹与人的气息。

这一"幸福写真调查"同时也以普通人为对象进行实施。在分析结果的过程中，研究员根据自身体验获得的"人存在的感觉与幸福相关"也成为其中一个视点。

"小小的善意"

有人将别人掉落在地上的帽子拾起后,放在了绿化树上。这是一个微小的关心之举。"大的善行"常会让人感到不幸,小的善意反而让人觉得幸福,为什么呢?

"70 份盒饭!"

在提供外卖的便当餐厅门口放着大量的盒饭,该是一个很大的订户吧。后来数了数,竟然有 70 份。食欲是幸福,大口大口地吃着饭,这一景象给人一种幸福感。

"喧嚣之声"

绳帘背后,很多人在喝酒交谈,似乎能听见店内传出的喧闹声。一个人走在街上时感受到这种声音,也是一种幸福。那是一种人与人的声音可以无限交叠的生命感。

由生活综研的研究员拍摄的"幸福照片"
摄影时间: 2007 年 8 月 23 日～8 月 31 日
摄影地点:JR 神田站至神田锦町、生活综合研究所与博报堂旧址之间的路上

"可以吃的景观"

这里再来说一下请普通人拍摄的"幸福写真调查"的结果(假如您有时间,也请拍一下能体现您的"幸福感"的照片)。

给幸福下一个定义很难吧? 不过通过这个写真调查,我们可以清楚地看到生活者的幸福观。例如有很多宠物的照片,可以发现狗和猫、小鸟等宠物支撑着人的幸福。另一方面我们又发现许多拍摄种植蔬菜水果的照片。西红柿、茄子、黄瓜……有一位50多岁的男性讲述了自己培植黑莓,全家人收获之后做成黑莓酱,早餐时享用的幸福故事。不光是收获时的喜悦、培植的体验、与他人分享的人际关系,还有积累经验获得知识而带来的充实感。

生活者在自己的生活中培植和收获蔬菜和水果的情景,叫做"edible landscape——可食用的景观",在城市设计上也是一个引人注目的概念。人们在集体住宅种植苹果或胡颓子,共同收获,一起享用,从而建立情感纽带。培育日常景观然后分享果实的社区热潮正得到拓展。

上面是 2007 年 6 月实施的以日本首都地区生活综研固定样本"生活发现合作者"为对象进行的"幸福写真调查"的结果，要求"请拍下令您感觉幸福的照片"。从上至下："家庭菜园里的西红柿"、"大门前的葡萄架"、"我家院子里的黑莓"、"种下的秋葵长出根了"、"收获茄子"、"在家庭菜园里收获黄瓜的幸福"。

如何看待"场景"小结

刚才您看到了许多生活写真。被拍摄出来的都是一个个客观的对象。然而,其中却凝结着观察者的视线和心情。照片上的场景,反映的是拍摄者的"内景",存在于其心中的场景。透视拍摄者的内心世界才是重要的。

比如在以"幸福"为主题的写真中,有人拍下了自己的宠物、自己种的蔬菜水果,另外还有许多拍摄院中草地、花园里花花草草的照片。这些是"饲育"、"绿育"、"食育"的场景,幸福写真中反映的是生活者追求"育的幸福"的价值观。

我们回顾一下,测量器具的照片反映着解析身体数据这一新型的"体育"欲求。而拍摄情感纽带的"安心"写真,则是珍惜人与人互相接触的"触育";赞成庆祝活动的写真,则反映着人们希望培养地域这样的"场育"的欲望……不是吗?

生活写真,我们在其中看到的或许是未来的景观。因为这些图像截取的是人们的愿望:"过上这样的生活该多好!"通过镜头,我们看到的是明日的风景。

透视拍下来的照片上反映着什么

对中国人而言的"好心情(快乐)"

在中国也进行了"写真调查"。拍摄的主题是"好心情(快乐)"。

很多人拍摄了"美丽的风景""自己的孩子",其次还有"同家人和朋友在一起做事的情景"。此外,还有人拍摄了"自己毕业的学校""老家的风景"等题材。看了这些照片,我们觉得,似乎包含着拍摄者一种"确认关系"的欲求。

悠闲、环境好、空气好的老家。自在，悠闲，家乡，亲切。

回老家看到狗肉汤,感动。

我的学校,图书馆,荷花有清新的感觉。

当时的空气好,天气好,风和日丽,是班级留影的背景。人聚在一起拍照,心情愉快!

曾经校园的一角,绿化树、假山,很有回忆,很开心快乐的过去。

感到"好心情"的场面的摄影调查结果。2011年11月实施。调查对象为北京、上海、广州的大学生、80后及70后的社会人。调查实施者为上海印涵商务信息咨询有限公司。

第二章

第五节

如何看待『波形』

时间推移数据就是雄辩

　　这是最后一节关于"如何看待事物"的体验。因为是最后一节，我们想介绍的是如何把握长时间的波形、拥有"长期视点"的办法。

　　除了微观的视点，我们还十分重视宏观的统计。其中尤其又是从过去一直追踪至今的时间推移数据，更如实地记载了时代的潮流。例如人口动态、日本的家庭结构变化、食物自给率和耐用消费品普及率的推移、针对内阁的舆论调查结果的动向等等。

　　国情调查的结果表明：上世纪 80 年代以后"夫妇＋孩子"的家庭持续减少，而无子女家庭、单身家庭在不断增加。以 2007 年为界，"夫妇＋孩子"的家庭数和单身家庭数发生逆转，后者首次超过了前者。也就是说，现在日本家庭最常见的形态是单身独居。新旧两种家庭类型的转换，象征着"旧有标准的坍塌"。而今后从物品生产到城市建设，都要以单身独居为标准进行考虑了。

　　让这些宏观统计数据提高或降低的，是人。人们的意识和行为成为原动力，绘出时代的波形，而这也是推动社会走向未来的力量。了解了让过去发展为现在的力量，我们就能展望未来。

百分比是有指向的

我们研究所还拥有自己的时间推移数据，叫作"生活定点"。这是一项从 1986 年开始持续至今的调查。右页就是"生活定点"调查的一个例子，是 2008 年就劳动问题回答"是"的百分比。您是如何看待这个数据的呢？会不会觉得：原来日本也成了能力至上的国家了啊！

但实际上，这两项百分比从过去到现在呈现相反的走势。"认为能力主义是合理的制度"的百分比在 2002 年是 51%，之后逐年下降，2008 年已下降到 41%。而与此同时，对"论资排辈制度应该保留"回答"是"的百分比，2000 年是 15%，随后持续上升，于 2008 年达到历史最高值的 22%。"能力主义"的支持者越来越少，而喜欢"论资排辈制度"的人越来越多。这样的趋势发展下去，也许今后人们的劳动观会发生逆转。

通过时间推移数据，我们不仅可以了解眼下的状况，还能发现人心所向，以及追求的动向。让我们沿着这些"心的波形"去思考未来吧。接下来我们将一边介绍"生活定点"的结果，一边讲解如何看待波形。

认为能力主义是合理的制度

41.4%

认为论资排辈制度应该保留

22.3%

上述百分比来自博报堂生活综合研究所"生活定点"* 2008 年调查数据。

　　*"生活定点"：是博报堂生活综合研究所为把握生活者的意识变化，从 1986 年起每两年一次，持续进行的时间推移观测调查。针对生活中的广泛领域，在相同地区以相同属性的人群为对象，就相同问题进行反复调研，追踪回答比例的推移变化。调查的区域为日本首都方圆 40 公里和阪神方圆 30 公里范围，对象为 20～69 岁的男女。2008 年调研样本数为 3 371 人。

同步变化的不安和愿望

"心的波形"千姿百态。除了上升、下降型以外,还有长年不动的风平浪静型、上上下下的循环波形、以某年为转折点由下降变为回升的 V 字反弹型。这里我们给大家介绍一个比较有趣的"生活定点"的分析方法。

将大量问题的数据全都做成时间推移图贴在墙上。关键是要制作大量的折线图卡片,然后陈列出来。此时隐去问题,也就是形成不知道哪张卡片属于哪个问题的状态。然后,只凭折线的形态,将形状相似的归在一起。这样一来,就会出现十分有趣的现象。

右页就是一例。认为"现在的世界变化太多了"和"想过稳定的生活",两个波形虽有程度上的差距,却以相同的形状在变化。这是互为表里的问题。剧烈的变化催生了向往安定的愿望。我们从中发现了这样的法则:随着社会发展的高速化,人对镇定的需求会上升。

一条波形会让人有所发现,几条波形组合,则能解读生活者心态的结构变化。

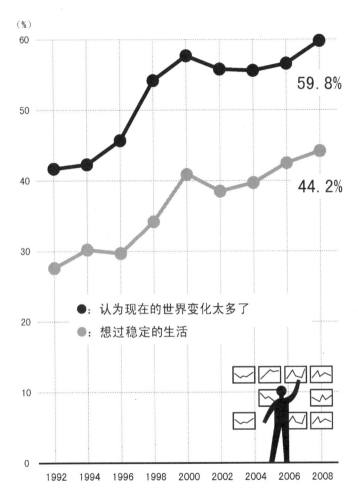

（%）

60 ⋯⋯⋯⋯⋯⋯⋯⋯⋯⋯⋯⋯⋯⋯⋯⋯⋯⋯⋯⋯⋯⋯⋯⋯⋯⋯⋯⋯

59.8%

50 ⋯⋯⋯⋯⋯⋯⋯⋯⋯⋯⋯⋯⋯⋯⋯⋯⋯⋯⋯⋯⋯⋯⋯⋯⋯⋯⋯⋯

40 ⋯⋯⋯⋯⋯⋯⋯⋯⋯⋯⋯⋯⋯⋯⋯⋯⋯⋯⋯⋯⋯⋯⋯⋯⋯⋯⋯⋯

44.2%

30 ⋯⋯⋯⋯⋯⋯⋯⋯⋯⋯⋯⋯⋯⋯⋯⋯⋯⋯⋯⋯⋯⋯⋯⋯⋯⋯⋯⋯

●：认为现在的世界变化太多了

●：想过稳定的生活

20 ⋯⋯⋯⋯⋯⋯⋯⋯⋯⋯⋯⋯⋯⋯⋯⋯⋯⋯⋯⋯⋯⋯⋯⋯⋯⋯⋯⋯

10 ⋯⋯⋯⋯⋯⋯⋯⋯⋯⋯⋯⋯⋯⋯⋯⋯⋯⋯⋯⋯⋯⋯⋯⋯⋯⋯⋯⋯

0

1992 1994 1996 1998 2000 2002 2004 2006 2008

包括本页在内，直至 143 页的数据，均来自博报堂生活综合研究所
"生活定点"。有关"生活定点"的调查概要，请参考 131 页。

为我的未来做准备

可能大家至今还记忆犹新：以 1997 年基础养老金编号导入时发现的养老金登记问题①为导火索，人们对老龄社会的忧虑一下子严重起来。不过，早在那以前，人们对未来的忧虑已经在缓缓上升。

在"生活定点"中，"对将来的保障（养老金、保险等）感到满意"的百分比一直在走低，到 2008 年达到 4.3% 的历史最低值。相反，"对社会感到许多忧虑"的百分比 10 年来一直稳定在 70% 的高位。日本，真的是处在高度不安期。让人感觉前途一片黯淡。

尽管如此，人们也不是一直消极地惶恐不安。

如右页所示，"想在包括健康诊断、预防在内的医疗方面花钱"的百分比呈现上升波形。让我们看到人们"自己的身体自己来爱护"的姿态。未来，将无法避免地进入老龄社会。为了迎接这样的未来，生活者已经开始"自守自营"地在为生存做准备了。

注释

① 日本从 1997 年开始，将两个以上的"养老金编号"合并统一为"基础养老金编号"。但在 2007 年进行复核的时候，发现还有 5 000 万件尚未统一的"养老金编号"，成为一大问题。

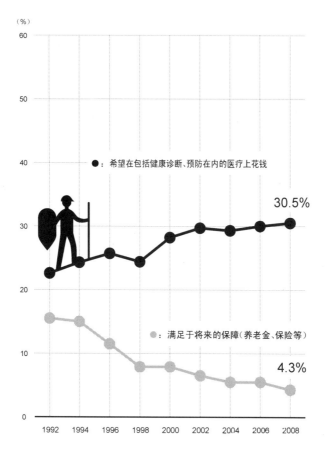

（%）

- ●：希望在包括健康诊断、预防在内的医疗上花钱

30.5%

- ●：满足于将来的保障（养老金、保险等）

4.3%

自　费　教　育

　　接下来是教育问题。如果您是中年以上的人,应该还抱有日本的儿童教育水平曾经是世界一流的记忆。那现在怎么样了呢?

　　有一家名为"经济合作与发展组织(OECD)"的国际机构,自2000年起每三年进行一次"学生学习到达度调研",以15岁的青少年为对象,对世界各国孩子的学习能力进行比较评估。从"数学"、"阅读"、"科学应用"三个项目的测试结果来看,日本的成绩是:数学从第1位到第6位,再到第10位;"阅读"从第8位到第14位,再到第15位;"科学应用"是第2位、第2位、第6位。基本上都呈下降趋势,不由让人感觉"快不行了……"

　　"生活定点"的调查结果也反映了这样的危机意识。如右页数据所示,我们"为先进的教育水平感到的骄傲"正在不断丧失。与之相反呈上升趋势的是"愿意在孩子的教育、学习方面花钱"。同前面介绍的重视健康的情况一样,生活者在智育上的自我责任意识也在提高。无论身体还是头脑,都要凭一己之力做点什么……对孩子的教育投资,也正是对未来的投资。在这里,我们也看到了生活者开始为未来做准备的姿态。

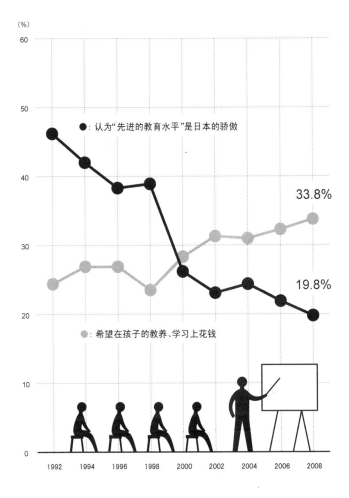

从"朋友式家庭"到
"真格的家庭"

父亲在外工作,母亲在家做家务、带孩子,这是 20 世纪 70 年代前日本家庭的普通形态。后来,传统的角色分工型夫妇形象瓦解,生活者不再受社会性分工束缚,而是各自贯彻个体的实现,如此经营家庭的志向逐渐蔓延。夫妻之间、亲子之间维持着兴趣伙伴或同好成员般的距离感……也就是人们说的"朋友式家庭"①模式。

打着"新型家庭"的旗帜,经营"朋友式家庭"的是"团块世代"②。然而伴随着他们迎来退休年龄,这种文化也在面临终结,这是我们从"生活定点"的波形中看到的趋势。

已经不能再像朋友那样了……这样的趋势正通过数据显现出来。

正如前面所看到的那样,通过教育投资让孩子自立,大人为了不给孩子添麻烦而爱惜自己的身体——并肩作战的家庭形象正浮现在我们眼前。为了在严峻的时代中生存下去,必须超越朋友般的关系,营建各自发挥力量、类似"工作团队"般的家庭。不再是"朋友式家庭",而是"真格的家庭","心的波形"显示出家庭模式正在转型。

注释

① "朋友式家庭"是由"团块世代"的夫妇和孩子构成的家庭。这种家庭具有朋友式的夫妇关系、崇尚家庭至上、对时尚敏感等要素,是由广告和销售相关者界定的概念。

② "团块世代"是第一次婴儿潮期间出生的一代,具体是指 1947 年至 1949 年间出生的人。

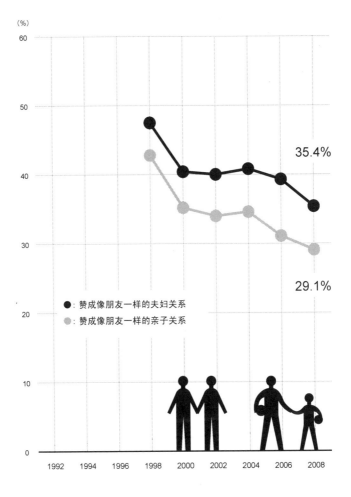

选择力,才是生存的战斗力

曾经读到过这样的报道:谷歌一天要处理超过 20 PB(千兆字节)的数据。简单来说,1 GB(十亿字节)的 1 000 倍是 1 TB(兆字节),而 1TB 的 1 000 倍才是 1 PB。所谓 1 PB,相当于一份日报 100 万年的信息量!此外,这样的表述也有利于您理解 1 PB 的概念:"2 000 万个 4 抽屉文件柜,里面装满了文字密密麻麻的书籍" "Facebook 上 100 亿张照片",等等。

我们正生活在一个信息爆炸的时代。

如何在这信息洪水的海洋中畅游,是我们日常的课题。正如右页的波形所示,信息的泛滥已经越来越失去了价值。与之对照的是"信息处理的能力"日益上升。现在已不是"沐浴"信息的时代,要求的是如何撷取对自己有用的信息。以前我们说"读写能力",指的是接受和发送信息的基础能力。将来,接受什么、过滤什么、信任什么……这样的选择力才是真正的"读写能力"。

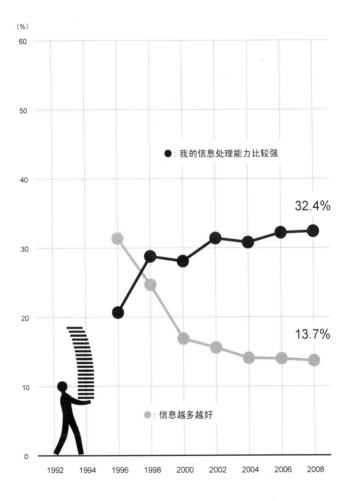

您给自己买过礼物吗?

近来在电视节目里经常可以听到这样的话:"作为对自己的犒劳,买了什么什么。"您呢? 您给自己买过礼物吗?

追踪"生活定点"的数据,我们发现"犒劳"过自己的人大大增加了。尤其是女性,2004 年后一直超过 50%。也许这从反面证明了平日的生活有多严峻。正因为这个时代让人为无法预见的明天而深深不安、烦恼,所以才要努力。而努力之后给自己买个礼物,也就理所当然。

从波形的动向来看,这样的趋势似乎今后还会继续发展。除了珠宝、时装以外,旅游以及其他非日常体验也引人注目。甚至,将来或许去上兴趣爱好相关的学校、为取得各种资格的自学深造等等,也会成为"犒劳自己"的消费对象。

有了这样的视点以后,就可以用新的坐标来重新划分传统的产业类别。例如首饰和 DVD、豪华旅游等,就可以重新定义为提供"自我犒赏"的产业。

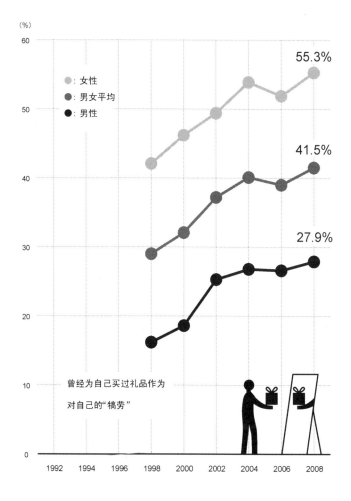

如何看待"波形"小结

英国有一句叫作"用 YTT 来写报道"的报社口号。Y 就是 YESTERDAY（昨天），T 是 TODAY（今天），而另一个 T 是 TOMORROW（明天）。报纸报道的是当下发生的事，但可以回顾过去：为什么会发生这样的事？再展望未来：这件事会带来怎样的影响？用这样的姿态去写报道。这是一种把现在发生的事夹在"为什么"和"会怎样"之间的思考方法。

对于"扩大视野"这种说法，人们常想象成空间的远近。其实，我们认为还有时间意义上的视野。所谓看待波形，无非是拓展时间的视野，掌握 YTT 的力学。

在这一节，我们以时间推移数据为素材，观察了 YESTERDAY 演变为 TODAY 的进程状况。如今日本人的不安已经达到顶峰，不安的背景应该是老后的保障、教育的退步、家庭的动摇、信息的爆炸等等。"生活定点"的波形，描绘出生活者心态的箭头指向：依靠自己的资金、自己的能力去解决这些不安。然后，努力过的自己应该充充电、犒劳犒劳……从依靠别人到自力更生，过自助型的生活。波形指出了这样的 TOMORROW。

YTT
的视野

中国的"波形"

从 2005 年开始,我们也在中国进行了"生活定点"调查①。这里举出几个比较有特点的波形来分析一下。

先请看一下下页中的数字。这是 2011 年以北京、上海、广州 15 至 54 岁的人为对象进行调查后获得的结果。

"朋友越多越好" 41.7%

"与其有很多的朋友,还是更想和少量知心朋友在一起" 21.7%

单从这个结果看,似乎是认为"朋友越多越好"的人多,但是按照时间推移来看,实际情况是认为"朋友越多越好"的人,2005 年占 53.4%,随后便不断减少。相反,认为"与其有很多的朋友,还是更想和少量知心朋友在一起"的人,2005 年占 14.5%,随后年年增加。由此可以发现人们欲求变化的动向,即从追求"很多的朋友"转向需要"少数知心朋友"。

再举一个例子。

"尝鲜试用新产品"

"家电用品和家具坏了,修一修后继续使用"

我们发现,在最近 5 年里,那种旧物品能用则用的意识正在淡薄,而不断更新使用新产品的意识在日益强烈起来。

注释

① 作为博报堂独有的调查 Global HABIT 的一部分,在中国实施了调查。

朋友越多越好　　　　　　　　# 41.7%

与其有很多的朋友，
还是更想和少量知心朋友在一起　# 21.7%

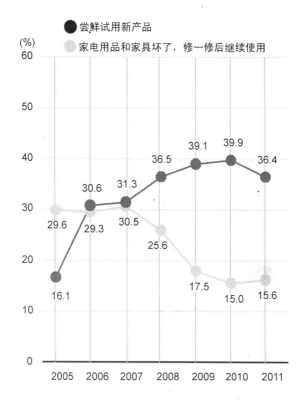

● 尝鲜试用新产品
○ 家电用品和家具坏了，修一修后继续使用

(%)
60

50

39.1　39.9
40　　　　　　36.5　　　　　　36.4
30.6　31.3
30　　　　　　
29.6　29.3　30.5
　　　　　　　　25.6
20　　　　　　　　　　17.5　15.0　15.6
16.1
10

0
　　2005　2006　2007　2008　2009　2010　2011

Global HABIT 调查 2011 年结果。
Global HABIT 调查是以把握生活者的消费行动、意识等为目的，
每年举行的市场调查。
对象为在北京、上海、广州居住的家庭月收入 4 000 元以上的
15～54 岁男女。
2011 年为 2 731 个样本。

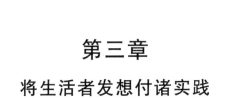

第三章

将生活者发想付诸实践

体验过观察事物的方法,您感觉如何?

"发现和发想,都好难啊!"

或许您会这么想,但请别担心。

就连我们这些专业研究人员也是在"看不清"的每天当中摸索度过的。

重要的是始终抱有探索的欲望。

让迷惑和辛苦变成你的食粮!

在最后一章里,我们要介绍的是为了让生活者发想在您今后的生活里派得上用场,应该采取怎样的态度,具备怎样的素养。

简单的是无趣的

带着视点，让看不见的东西显形，这可不是简单的行为。读懂人心的过程，是一条会遇到许多"走不通"和潜伏着各种陷阱的迷途。

然而，我们是这样想的：正因为艰难，才有意思！

千辛万苦得来的东西，人们才会珍惜、欢喜。相反，轻易到手的东西，往往草率置之。简单的东西就会简单地结束，变不成智慧，也成不了财富，就这样匆匆地流走。只有得之不易的发现，才会变成"自己的一部分"。

另外我们也可以这样想：正因为看不清，所以才能一直、一直地看下去。

"我全都看明白了。"就算有人真能做到，那也该是多么寂寞无趣的人生！发现自身有所欠缺，人才会想要成长；知道有未知的领域，更会增添活下去的动力。或许，那些看不见的东西，才是在背后推着人向前迈进的动力。

洞察和发现的技术有很多，而且也会越来越多。不过它们都不完美，需要不断地加以改善。重要的不是技巧，我们最希望大家看重的，是在生活中想要不断观察下去的心态。

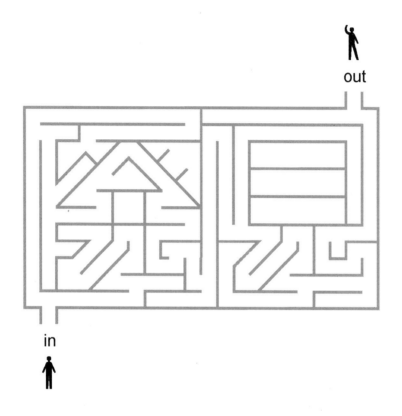

out

in

知道"自己的无知"

介绍一个我们的深刻认识。

那就是:"人只了解事物的极少一部分。"比如,您对日语中的"知"这个词的含义有多少了解? 查一下词典吧! "知"这个词,除了"认识""理解"之外,还有"照顾""负责""拥有"等含义。不查不知道,一定出乎您的意料吧?

在我们研究所已经养成了这样一个习惯: 对知道的词汇也会查查词典(尤其推荐用百科词典来查询)。自以为知道,常常会收窄人的视野,妨碍了人去发现。质疑已知的事物,才会有新的发现。也就是说,在观察思考的时候,重要的态度是谦虚。"我还不了解"——当您这样想的时候,事物就会向您展现曾经看不见的侧面。

最后,请用百科词典来查一下"恐怖"和"不安"这两个词。它们在含义上的差异一定会让您恍然大悟。

据小学馆出版的《大辞泉 第一版(增补、新装版)》第 1358 页编写。

从提问无应答学到的东西

谦虚的态度很重要,在这个意义上,我们还有一个教训。

在第二章"如何看待数字"一节中,我们介绍了将人的感觉数字化的调研方式。比如"所谓'大叔',是从多少岁算起?"我们曾经在一个研讨会上让与会者来回答这个问题,一位 30 多岁男性的回答出乎我们的意料。他的答题栏是空白的,却在旁边写了这样一句评语:"大叔不是年龄的概念。有的人虽然年轻却很大叔,也有人虽然老了却一点也不大叔。"

这件事情给了我们两点启示。首先,"拒答就是回答"。不能回答的理由背后,正是看不见的人心。其二,"对前提的过度自信会歪曲真实"。就这个案例来说,就是把"人人都会用年龄来界定大叔的概念"当做了前提。然而,有些人是抱有不同观点的。我们首先要问的本应该是:"是不是大叔,是由年龄来决定吗?"

就是这样,我们有时可以从调查对象那里获得自己所缺乏的"看事物的方法"。从问错的问题中学习,这种态度也可以丰富我们的观点。

所谓大叔从( )岁算起

(no answer)

变化，不是一切

我们一直在说，所谓生活者发想，是一种打算探索尚不存在的未来的行为。要想发现未来，必须关注新鲜事物和正在发生的变化。但是，这个世界上也有"不变的东西"。

右页是第二章介绍的"生活定点"的数据，其中"相信人的善意"的百分比一直维持在 9 成左右没有变过。这让人有点吃惊。在日益复杂化、高速化的社会中，善意却一直没有变化，安居在人们的心中。对此有多种多样的解释。也许正因为是处于不踏实的、令人心神不宁的时代，人们觉得可以依赖的只有善意了。也有人认为，由于日本没有真正的宗教，善意则取而代之发挥了宗教的功能。

如果我们眼睛只盯着变化，就有可能忽略掉重要的东西。"不变"——那也是一种发现。那里有一种不可摧毁的顽强，有一种坚守的力量。为什么任何一个时代的孩子都爱玩？为什么成人总热衷于互相争夺地盘？讨论这些根源性的问题，也是一种获得"无形真相"的途径。

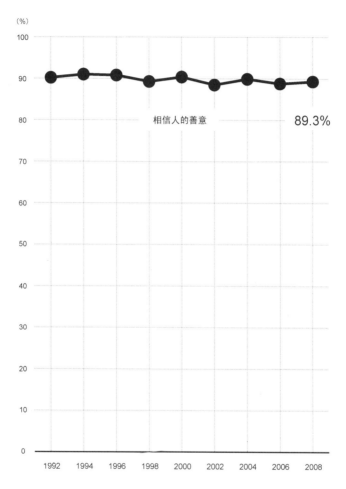

自 在 就 好

认识到自己的"无知",学习"盲点",认识"不变",刚才我们介绍了一些在日常的研究活动中获得的经验教训。

生活者发想,好艰深啊!

或许您会这样感叹。然而我们的真意并不是要束缚、限制大家。相反,我们想说的是"大而化之吧!"如果自己的知识、见解和问法有欠缺,完善它就好了! 如果发现自己的认识上有错误,收回说过的话就好了! 您想改多少次都行。用灵活的思维,时常更新自己吧!

发现有好的观点,那就借用、偷来吧!

把它改成自己的观点,试一试吧!

如果看不清楚,就换一个角度再看看吧!

最后,我们再介绍"3个心得"作为本书的总结,来帮助大家在日常生活中更好地实践。

日常的心得(1)
让创造性变为生活中的实际利益

　　这里说一个 30 多岁的母亲和她儿子之间发生的故事。儿子的名字呢,嗯,就叫他太郎吧。太郎君是个小学生,可是不知怎么在学校发生被同学欺负的事。但他回家后跟大人一句都不提。母亲一个劲地问:"学校里究竟发生什么事了? 说出来听听?"太郎就是不开口。烦恼的母亲最终想出了一个办法。在孩子父亲不在家的一个晚上,她对儿子说:"太郎,和妈妈一起来搞骂人大赛吧! 妈妈要讲很多你爸爸的坏话,如果你有什么想说的,就也说出来吧!"然后妈妈就拼命讲了许多孩子父亲的坏话,当然其中有一半是真的。在这个过程中,太郎也渐渐沉不住气了,终于他说:"我也是,特别看不惯武志那个家伙!"

　　您会不会也觉得那位母亲很有创意呀? 没法从孩子口里获得信息,就自己先主动说起来,这就是一种"发想转换"。创造性,其实就是这些东西呀! "自己说了,对方也会开腔。"她的这种智慧也可以用在您的人生里吧? 创造性并不是艺术家和科学家独有的专业能力,它可以变成生活中的实际利益、人生的收获。

日常的心得(2)
分享带来的增多

有一句话说得好："分享物品会减少,分享感受会增加。"视点也是。将自己的见解和发现传递给别人,结果会越来越多。

假设 A 君和 B 君两个人视点相左。A 君认为"当今社会圆形的东西最有价值。"所以走在街上他老是会留意到圆形的东西。他想:"看,果然是一个圆形的时代啊!"而 B 君认为"现在红色的东西最能勾起人们的幸福感。"当然,他关注的也都是些红色的东西:"这是红色的时代!"

要是这两个人的思考都停留在圆形和红色上,那么也就到此为止了。但是,他们如果把各自的视点互相融合起来会怎么样呢——"要是红色圆形的话,两人的观点就重合在一起了!""红红的、圆圆的,啊,这不就一个温暖的时代吗?"发现会得以扩展。"形"的视点与"色"的视点相互交织,就产生了"温度"的视点:"温暖的时代"。

所以,不要把视点封闭在自己的心里。钱给了别人会减少,视点给了别人却会增加。所以,要重视和别人之间的对话。

日常的心得(3)
转向光明的一面

最后的一个心得是：即便您看到了黑暗，也建议您把思路投向光明的一面。凡事必有明暗两面，正与负、损与得、善与恶、苦与乐……把目光投向好的那一面吧。

"冬天好冷，真讨厌！""也许吧。不过正因为寒冷，寻求温暖的人们就会聚在一起，在冬天是交流的好季节！"——是的，这就是"转向光明的一面"。"难才有意思！"也是这个道理。这是一种通过看事物的角度而把黑暗和光明逆转的精神。我们在平时阅读问卷答案的时候，也经常会遇到一些声音，带给人光明、积极的心态。

"独生子女多了，孩子们在一起玩的机会增加，反而跟邻居之间的关系亲近起来。"这是一位 38 岁的女性的回答。人口稀疏，关系却紧密，她将出生率降低转向了光明的一面。还有一位 27 岁的男性说："经济不景气，人们在家自己做饭吃，形成了一种享受自己手艺的风潮。"经济危机提高了人们的生活技能，他把不景气转向了光明的一面。探寻事物和状况积极的一面、发掘人的优点……事实上，这是我们铭记于心的最重要的事。

让我们开始生活者发想

到这里，"生活者发想"的课程全部结束了。不过，接下来是新的开始。真正的演出是您从明天开始的生活。希望大家通过邂逅"生活者发想"，在自己的每一天中享受到观察的乐趣、发现的激动、交流的喜悦。

我们把通过研究活动积累起来的事物的观察方法，像接力棒一样传到了大家的手上。请大家也一定要把自己的观点和心得体会作为接力棒，传给各位的家人、同事和朋友。就像那位让孩子开口的母亲一样，您开口讲，大家也跟着开口讲。前面我们谈到了"转向光明的一面"，您诉说的光明会照亮您的家人和朋友；而这些您为身边重要的人所点亮的光明，最终，也会点亮这个世界。

就像开头讲的那样，我们之前所说的一切，如果能给大家明天的生活带来一些心灵上的丰富，哪怕微不足道，我们也会深感幸福。最后，多谢各位的倾心聆听。

致辞
有一个星座只有您能描绘

　　仰望夜空,无数的星星在眨眼。有明亮的,也有微暗的;有的闪烁着温暖的光辉,有的则给人冷飕飕的感觉。

　　古人真的是十分伟大,仰望着繁星,却联想到了天鹅、蝎子、水瓶的样子,于是就有了星座的名称。

　　据传,星座起源于公元前 3 000 年前后,当时迁徙到底格里斯、幼发拉底河流域的游牧民在放牧羊群时,仰望夜色笼罩的星空,把类似神的姿势、自己感兴趣的动物和生活用具模样的星星当作星座,这被称为古代星座。那个时候只有 12 个星座。不久,这一星座文化扩散到了希腊、欧洲和南半球。在这期间,新的星座也在不断产生。据说,到了 18 世纪,为星座命名一度到了不可收拾的泛滥程度。如今,星座被集约为 88 个。由此可见,人的创想力十分伟大,而与之呼应的人的力量也是无穷无尽。

恒星是一种物质,您抬头看到的样子,只不过是星光的排列而已。只有人的创想力才会把它描绘成天鹅。天鹅从未在这个世界上出现过,是不存在的。某一天,因为有人说了一句:"看,它像不像一只天鹅?"于是它就诞生了;而周围的人都在说:"啊,是的,是的!"于是便有了大家的"天鹅座"。

本书介绍的征兆、词语、数字,您可以把它们看作一颗颗星星。所谓生活者发想,就是这样一种行为,即联系出现在表层的每个亮光,来表现无形的时代的真实模样。比如,以"培育的幸福"这一欲求将这颗星和那颗星连接起来,向往"培育的幸福"的追求便创造出新的生活来。生活者发想,说到底,就是在无穷无尽的社会万象中找出星座。而联系星座与星座之间的,就是每个人的视点、思想智慧。

所谓发想,常常就是诉说着您的思考,表达出您的自我。

"对事物的观察法"有多少人就有多少种,答案并非千篇一律。

正因为如此,人活在这个世界上都是"独一无二"的,是无可替代的。

宇宙中必定有一个只有您能看到的星座,请把它告诉给您的家人和朋友、当地和工作单位的人们。当和您生活在一起的人们能称呼出您发现的星座的名称时,那就意味着人们有了新的时代认识,亦即走向新的未来。

博报堂生活综合研究所向您提出的最后一个问题是：

如果把这个世界比作满天繁星的夜空，您，能看见哪个星座呢？

后　记

再次思考"何谓生活者发想?"

一说起"整体看待生活者",有人会说,"说起生活者,其实是有各种阶层的,而且不同地区之间也是有差异的""中国人不能一概而论"……

听起来好像是要"对所有中国的生活者进行细致调查",其实这是个误解。所谓"整体看待",并不是要对"所有各种各样的人进行细致调查",而是"从多种角度去观察人"。观察的对象因课题的不同而各不相同。有可能是某个商品的目标客户——生活在城市里的年轻人,也有的调查只是观察一个人。

还有,因为"生活者发想"发端于日本,或许有人会觉得这不适合在中国推广。确实,日本人的欲求和中国人的欲求是不一样的。但不管是中国人也好,日本人也好,"生活者发想"应该是一个探索人具有何种需求的工具,在日本使用的话,就是"日本的生活者发想";在中国使用的话,就成了"中国的生活者发想"。

"观察"只是一半的工作，
最要紧的是"发想"

曾经有个时期人们认为，所谓市场，就是"倾听消费者的声音，不断把他们的需求变成有形的东西"。所以，负责市场工作的人都注重提高倾听消费者意见的技术，并擅长对此进行分析。

但是，听说最近的年轻人当中有的人"不知道自己想干啥"。这样的话，即使有企业想去了解生活者的需求并形成有形之物，却不知道该形成什么才好，这也就不足为奇。

从根本上来说，光是"观察"和"分析"，并不会产生真正能改变这个世界的新事物。互联网尚未出现的时候，或者说在智能手机诞生之前，难道会有说希望得到这类东西的生活者？

重要的并不是倾听生活者的声音并将其变成有形之物，而是在这个基础上更进一步催生新事物的"发想"。

为此，不要把自己当作一个"倾听者"的被动角色，而是要做"发想"的主体，要紧的是，你要怀有追问自己"你究竟想做什么"的意志。

提到"生活者发想"时，其中的"生活者"既是指企业作为营销对象的人们，同时也是指作为发想主体的自身。不仅仅是"观察"生活者，"观察"社会上正在发生的事情，还要把"自己想做的事"融入其中，这样才会不断产生在社会上造成影响的新产品、新服务。

"无奈(没办法)"这个词近来时有耳闻。还有人说，"现在不再追求自己的梦想，而是寻求浅层次快乐的人正在增多""物价上涨，注重节约将会越来越占上风"果真是这样吗？大家真的只是满足于浅层次的快乐？真的是想节俭了？

如果能够通过生活者发想，在社会上卷起新的漩涡，该多好。

2012 年 3 月

博报堂生活综研(上海)首席研究员 多湖广、钟鸣

谢　词

这次中文版的出版受到了各方朋友的理解和支持。

首先是中国文汇出版社的戴铮先生。他对于我们提出的苛刻要求总是积极予以回应。

此外还有为本书撰写"腰封"推荐文的中国传媒大学广告学院黄升民院长。他非常赞同我们的活动和本书的内容，欣然提笔撰写推荐文，我们深表感谢。

博报堂生活综研(上海)开展的活动还刚刚起步，今后更需要各方朋友，特别是企业的市场营销人士、媒体界朋友，还有为我们提供发现的众多"生活者"的帮助。

我们希望以不断发表"新视点"来回报各方朋友的厚爱。

博报堂生活综研(上海)全体员工